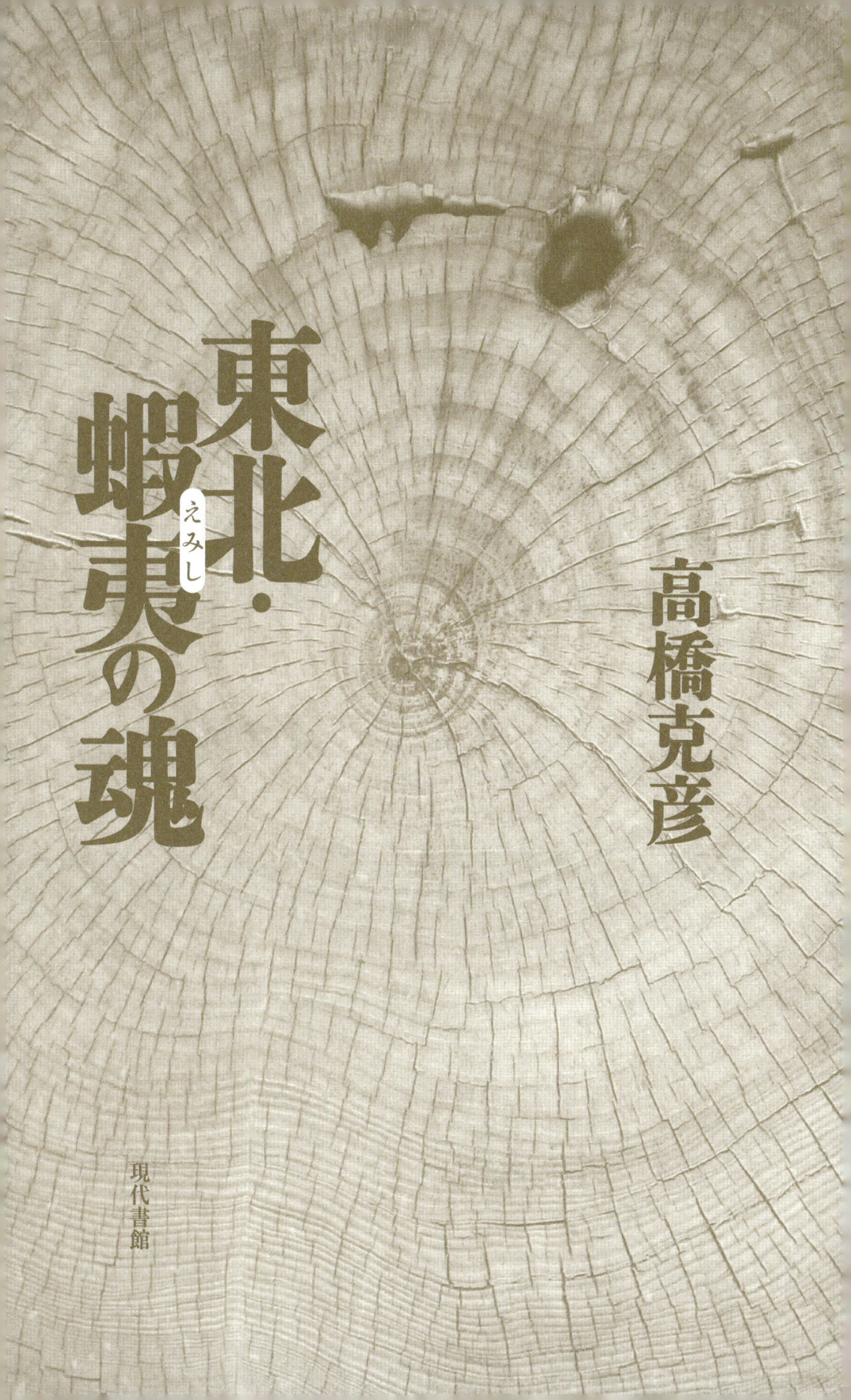

東北・蝦夷《えみし》の魂

高橋克彦

現代書館

まえがき

蝦夷《えみし》を主人公に据え、二十年以上にわたって書き続けてきた四作、すなわち『風の陣』『火怨』『炎立つ』『天を衝く』を軸として東北の古代から現代までを俯瞰《ふかん》する本を拵《こしら》えることができないだろうか、と現代書館の菊地泰博さんより熱心なオファーがあったのは、一昨年の三月十一日の東北大震災から半年ばかり過ぎた頃だったと思う。あの未曾有の大災害から雄々しく立ち上がりつつある東北の姿を目の当たりにして、東北人の心の強さがどこから生じているのか知りたいという思いが高まったのだと言う。

嬉しく、ありがたい申し出ではあったけれど、お断りするしかなかった。当時の私はまだまだ大震災から気持ちを立て直すことができずにいて、雑誌の連載はことごとく休載し、二、三十枚の短編すら書けない状態にあった。ショックを引きずって萎《な》えていたわけではない。むしろ書かなくてはならないという思いは強くなっていた。が、問題は内容である。雑誌連載していたものはすべて時代小説で、そこに大震災への思いを組み入れる余地はない。それに抵抗を覚えたのだ。

おなじ岩手に暮らす多くの人々が苦しんでいるときに、一行も触れることのない別世界の物語を書く。まるで冷たく突き放しているように思えるではないか。考え過ぎだと周りからは言われたが、私は嫌だった。

それなら短編で震災に絡めた作品をと何人もの編集者から望まれたけれど、それもできない。岩手と言っても私は沿岸部から遠い内陸に住んでいる。被害も微々たるものだ。そんな私に被災者の本当の思いなど分かるはずがない。薄っぺらな作品を書けば迷惑になりかねない。我が儘と承知しながら、最低一年は小説の筆を執らないと決めた。喪に服する気持ちでもあった。

菊地さんの依頼は小説ではなかったので心が揺れ動いたものの、付き合いの長い出版社に頭を下げて休載を許して貰いながら、この仕事を受けることは、やはりできなかった。

では、章ごとに分けてのロングインタビューを纏めるという形ならどうかと菊地さんは代案を提示してきた。インタビューならそれまでにいくつも引き受けて大震災のことや蝦夷《えみし》について話をしている。むしろ、いま話さなければならないことがいくらもある。しかも菊地さんの案では二月に一度、それぞれ三時間くらいを五回というものだった。つまりは一年近くかけて本にすることになる。インタビュー本では滅多にない覚悟のほどを感じた。どんな本を作って貰えるのだろうとわくわくしつつ受諾した。

物語を優先して小説では書ききれなかった思いや歴史が実はたくさんある。それをこの本では語ってみよう、とそのとき心に決めた。蝦夷の真実が少しでも伝わればありがたい。

二〇一三年二月

【目次】

東北・蝦夷《えみし》の魂

第一幕 失ったのは平和な楽園 43

第二幕 失ったのは豊かな共同社会 75

第四幕

失ったのは豊かな資源 123

終幕

新しい世界を拓く東北の魂

序幕

追われる人々

東北は寂しい。その歴史は「正史」から抹消されている。
それは東北がずっと中央の一方的な論理に蹂躙《じゅうりん》され続けたことを示す。
東北の人々は千数百年も前から「和」の精神を根底に据え暮らしてきた。
世界文化遺産に認定された平泉こそ、
東北の「和」の精神＝慈悲の心を象徴する場所なのである。

東北人のコンプレックス

リーダーの条件とは何だろうか？

今や多くの情報がパソコンから無限に拾える時代となり、価値観も多様化している。こんな時代だから、リーダー像も変わっていくだろう。

東日本大震災を経験したことで見えてきた、新たなリーダー像もあるのではないか。頭脳とか行動力といった理由からではなく、何故か自然と輪の中心にいる人——なんだか頼りない奴だけど、でも、あいつがいるといいよね——そんな人が、これからのリーダーになっていくのではと思っている。

子供らには自分の住んでいる町はどういうところなのか、両親はどんな歴史を経験してきたのか、そういったことから学び始めてもらいたい。

何故なら郷土愛のないリーダーというのは最悪だからだ。

根底に郷土への誇り、郷土への愛があれば、いずれは必ず輝きを発する存在になれる。だからいろいろなことを学ぶ過程で、郷土への思いをどんどん強めていってほしい。

私は小説『火怨』で古代東北の英雄・阿弖流為《あてるい》*を描いた時、「リーダーとは共に戦う兵たちに郷土に対する思いをきちんと伝えられる人間だ」と規定した。かつての東北には、郷土への愛と誇りを胸に戦ったリーダーたちが存在したのだ。

　父親が岩手県一戸町の病院で院長をしていたため、私は小学三年まで同地で過ごした。そこには、後に小説『天を衝く』で取り上げた郷土の英雄・九戸政実《くのへまさざね》＊の城があった。けれども一戸町に暮らしていて、政実の名を耳にしたことは一度もない。

　その後、盛岡市の桜城小学校、紫波町の上平沢小学校と県内で転校を重ねたが、いずれの場所でもその土地に根ざしたヒーローの話は聞かなかった。それどころか、東北の偉大な指導者だった阿弖流為や安倍貞任《あべのさだとう》＊は逆賊のように貶《おとし》められていた。

　私は「岩手は国に逆らった者が多くて恥ずかしい」と感じながら少年時代を過ごしていた。教科書の歴史年表を見ても、岩手県のことはほとんど出てこない。東北全体でも縄文時代との関連で青森県が出てくる程度だ。

　自分は何てつまらない場所に生まれてしまったのかと思っていた。たまに岩手の話が出てくると、国に逆らった人物ばかり。阿弖流為

＊阿弖流為
東北が生んだ最強・最大の英雄。蝦夷《えみし》の誇りを守るため坂上田村麻呂《さかのうえのたむらまろ》率いる朝廷軍と最後まで対等に戦った（？〜八〇二）

＊九戸政実
南部一族の戦国武将で、もともと源氏の血を引く。蝦夷の魂に感応し、豊臣秀吉と互角に戦った（一五三五？〜一五九一）

＊安倍貞任
陸奥国《むつのくに》の武将、前九年の役の戦いを指導した。本書第三幕の主人公（一〇二九〜一〇六二）

や安倍貞任だけでなく、九戸政実についてもそうだった。彼らは辺境にいたため大局を見定められず、無謀な反乱を起こした愚かな指導者たちと捉えられていた。

いま思えば、そうした見方は中央政権が作った、いわゆる「正史」に基づいたものである。だが「正史」とは所詮、中央の権力者が自らの正当性を主張するための記録でしかない。

私が上京して大学に入った一九六〇年代でも、東北は文化が低いと蔑《さげす》みの目で見られていた。大学の仲間には隠しようがなかったが、せめて東京の町中を歩いている時だけは岩手県出身だと悟られぬよう行動していた。喫茶店に入ったらメニューも見ずに「コーヒー」と一言だけ。そうすれば言葉の訛りを知られずに済む。

私はコンプレックスの塊だったのだ。

ある時、当時付き合っていた今の家内と六本木へ行った。交差点で信号待ちをしていると、向かいにピンク色の大きな看板があった。「あの店、何て言うの?」と彼女に聞かれ、看板の横文字を読んで「アーモンド」と答えた。すると、やはり信号待ちしていた若い女性らが「六本木にアーモンドなんてあったかしら?」と、馬鹿にした顔で通り過ぎて行く。

向かいの店はアマンドという有名な喫茶店だった。恥ずかしさで居たたまれなかった。

この出来事は長い間、私のトラウマだった。

後年、東京築地生まれで歴史研究家の明石散人氏に話したところ、「確かにあれはアーモンドとしか読めないですね」と言う。明石氏がアマンド本社に問い合わせたら、「創業者が読み方を間違えて、それが続いているんです」と、あっさり回答が戻ってきた。

こんな程度の体験がトラウマになるほどコンプレックスが強かったので、作家になってからも岩手の話は意識的に避けていた。

郷里の歴史に目覚めた時

岩手の話を避けた理由がもう一つ。

小説の舞台には大都市を選ぶのが当たり前で、地方の町や村を取り上げることは滅多にない。東京の新宿、大阪のミナミ、京都の祇園などであれば、地名を書いただけで読者はすぐに位置関係が分かる。だが岩手の二戸と書いても誰も分からない。地方の町を書く時は地理や人口、どういった場所なのかを詳しく説明する必要がある。

短編小説の場合、枚数が少ないから、すぐにも本題に入りたいのに、町の紹介で手間取らされてしまう。そのため地方を舞台にした小説、とくに短編は成立しにくかった。

そんな時、ある経験をした。

まだカーナビのない二十年ほど前、取材のためレンタカーを借りて編集者と京都の大原辺りを回った。そのうち、うっかり山の中に迷い込んだ。進んだ先に何があるか分からぬまま、とにかく道なりに上って行く。やがて日も暮れ始め、これは車中で夜明かしかなと覚悟していたら段々畑が見えた。奥深い山の中なのに、お婆さんが野良仕事をしている。尋ねてみると、あっさり町へ出る道が分かり安心した。そして勧められるまま、近くの自宅でお茶をご馳走になった。

こんな山奥に何故一人でいるのか、お婆さんに聞いてみた。

すると「南北朝の時代はね、後醍醐天皇様の皇子が、この里に隠れ住んでいて、さらに戦国時代には……」と、何もないようなその山里の歴史を一時間たっぷり聞かされた。京都で取材を終え盛岡へ戻る新幹線に乗った時、急に涙が出てきた。「あのお婆さん、凄いな」。

当時、私は盛岡市近郊の滝沢村に住んでいた。もしも、そこに道に迷ったバックパッカーの若者が来て「よくこんな田舎に住んでますね」と言われたら、自分はどう答えるだろう。「君、この滝沢村というところはね……」なんて一時間も歴史を語れるだろうか。

自分には滝沢村どころか岩手県の歴史も語れない。大原の山奥に一人で暮らしているお婆さんが、そこで頑張れるのは古里への誇り、つまり自分の土地に代々積み重ねられてきた豊かな歴史があるからなのだ。

新幹線の中でそのことを悟り、「オレはなんてだらしない男だったんだろう」と心底思った。そして自分の生まれ育ったところを題材に小説を書く決心をした。一日も早く故郷への思いを取り戻さないと、締め切りに追われその場その場を凌いでいくだけの書き手でしかなくなってしまう。

それからは生まれ育った一戸や盛岡や紫波の記憶を辿り、自分の中に残っている古里への思いを書き始めた。それが〝記憶シリーズ〟となり、やがて短編集『緋い記憶』に結実して、直木賞も受賞できた。

お婆さんに会って歴史の大切さ、郷土への誇りを教えられなかったら、古代東北の民＝蝦夷《えみし》の物語も書かずミステリー作家のままで留まっていたかもしれない。

消された東北の歴史

阿弖流為《あてるい》の時代から調べていくと、東北そして岩手には語るべき歴史が沢山あると分かった。教科書が教える歴史は中央の権力が残した「正史」に依拠しており、それをもって日本全体の歴史としただけでしかない。

例えば江戸時代の歴史年表はどうか。

江戸時代は戦争がないから政治史となっている。老中がどんな政策を行なったかなど幕府を中心とした歴史で、南部藩がどうだったか、津軽藩がどうだったかはいっさい関係がない。

平安時代は朝廷が中心で、鎌倉時代は源頼朝が樹立した鎌倉幕府のことだけ。それ以外の地域、ことに東北は完全に省かれてしまっている。各時代の中心を書き残すのが教科書の歴史で、そこから外れてしまうと何も記載されない。

けれども歴史に記載されぬ東北で我々は生きていて、毎日ご飯を食べ、家族や友人と過ごしている。そうした事実など存在しないようにみなすのが歴史の主流ならば、私は存在しないとされた側の歴史を書こうと思った。

東北だけではなく九州の片隅や四国の山の中など、記述されない歴史のほうがむしろ多い。歴史の教科書に書かれている部分こそ、むしろ特殊な歴史なのだ。

東北の民は朝廷軍など中央の権力と何度も戦《たたか》い、すべてに敗北した。負けた側は歴史を消されてしまう。勝った側は当然のように自分たちの正当性を主張する。自分たちは正義の戦いをした、抗《あらが》った連中は野蛮で文化もなく殺したって構わない奴らだ、と決めつけたのだ。

東北は阿弖流為、前九年・後三年合戦、平泉滅亡、奥州仕置、戊辰戦争とたびたび大規模な戦《いくさ》に巻き込まれたため、歴史をズタズタに書き換えられ、棄てられてしまっている。それでも東北の人たちは逞《たくま》しく生きてきた。その事実を子供時代に知ることが、どれほど大切か。特に中学・高校生の頃、故郷への思いや誇りを胸に刻み込んでほしい。それが必ず心の支えになっていく。

東北人は余計なステップを一つ踏まなければ、特に中央の人間と対等になれない。経済的・文化的に劣った地域の人間と見られているせいで、なかなか彼らと同じスタートラインに立てないのだ。岩手の人は、俺なんかどうせ駄目なんだ、と自分自身で壁を作ってしまう人が多い。しかし、その壁を乗り越えて外界に出ると、途端に物凄く才能を示す人がいる。しかし大方が、最初の壁を高いものだと思い込んで超えられない。壁の内側で自分の思いをただ深めていくばかりだ。「井の中の蛙大海を知らず」ではないが、大海を知ればまだよいほうで、井の中の蛙のまま終わってしまう人が多い。だが、その蛙は井の中でどんどん自分の才能を育んで、いつの間にか傑出した存在になっている。だから井の中から飛び出す勇気さえあれば、いきなり世界の第一線にすら出ることができる。

その意味で東北は才能の温床ではあるが、立ちはだかっているのは「文化度が低い」という差別の視線、あるいは自分自身の「コンプレックス」なのである。

阿弖流為《あてるい》も安倍貞任《あべのさだとう》も九戸政実《くのへまさざね》も、逆賊どころか郷里を守ろうとしたヒーローなのだと正当な評価が広がり、「自分は東北に生まれてよかった」と思える子供時代を過ごせれば、きっと壁を超える力を得られるだろう。

朝廷軍との対立の根

中央政権からは逆賊と呼ばれるヒーローを、岩手が輩出してきたのは偶然ではない。もともと阿弖流為《あてるい》の時代の何百年も前から、朝廷と東北には対立構造があったのだ。まずは、私が長年考察を重ねてきた「出雲の国譲り」の真相から話を始めよう。

遙か昔、出雲には「和」と呼ばれる国の人々が暮らしていた。やがて大陸から九州に渡ってきた邪馬台国、つまりヤマト族の集団が北上を続け、出雲で「和」の人々と敵対関係になった。最終的に畿内全域を統一したヤマト族は、出雲王朝である「和」から国を譲られたという神話を広め、大和朝廷を作り上げた。

そもそも何故、「大和」と書いて「やまと」と読むのか？

「大」を「や」と読むこともなければ、「和」を「まと」と読むこともない。私たちは「大和」は「やまと」と読むものと刷り込まれてしまったので、それが当たり前になっている。前述の「アマンド」ではないが、「やまと」と読めなければ無知だとされてしまう。

日本の古い言葉（原日本語）には文字がなかった。そのため中国から伝わった漢字の中から、意味の同じ文字を原日本語に当てはめて使った。

例えば「黄泉《よみ》の国」（死者の住む国）がそうだ。「黄」を「よ」、「泉」を「み」と読む例はない。原日本語に「よみ」という言葉があり、それに同じ意味の中国の漢字「こうせん（黄泉）」を当てたのだ。

中国の字典では「黄泉」の意味は「地底湖」となっている。古い日本（原日本）における「よみ」のイメージも、鍾乳洞や洞窟の中の地底湖のようなものだった。それで「よみ」に、漢字の「黄泉《こうせん》」を使ったのだろう。

これで「大和」とは何かが見えてくる。

ヤマト族は「和」の国を邪馬台国に組み入れた。だが、「和」と交流のあった中国は、それをヤマト族の侵略行為だとして、併合を認めなかったのではないか。そのためヤマト族は出雲王朝の「和」から正式に国を譲ってもらったことにした。そして邪馬台国と「和」という二つの国が合体して「大きな和の国、つまり大和となりました」と宣言したのだろう。

但し、読み方は「だいわ」ではなく、「邪馬台＝やまと」とした。外交上の国家名が「大和」であれば、中国も今まであった「和」が新たに再統一されたものだと認定するしかない。

蝦夷《えみし》は「和」の国の人々だった

「和」の人々は「出雲の国譲り」のあと、畿内から遠い九州あるいは東北方面に逃れた。東北に定住した者は蝦夷《えみし》と呼ばれ、九州に定住した者は隼人《はやと》＊と呼ばれるようになった。だから東北に暮らす我々は、蝦夷の末裔ということになる。

＊隼人
古代九州南部の居住民、七〜八世紀頃大和朝廷律令支配体制に組み込まれた。

蝦夷はもともと「和」の国の人々だったのだ。

蝦夷から受け継がれたＤＮＡによって、我々は無意識のうちに自分が「和」の国の人間たちだと分かっている。だから「和服」「和食」「和訳」などの言葉も、当然のように受け入れている。

では、「和」の国の和とは何であるのか？

それは親和の和であり、平和の和である。ヤマト族が「大和」を「やまと」と読んだため、「和」の言葉の本来の意味が曖昧になった。

「和」の国の「わ」は、リングの「輪」でもある。

「全員で輪になるように手をつなぎ互いに助け合う」のが、「和」の民の精神だった。だからこそ大和朝廷は、阿弖流為《あてるい》や安倍貞任を滅ぼそうとした。本来、大和と「和」は敵対していた国だからだ。

今でこそ単一国家とされているが、少なくとも鎌倉時代の初め頃までは、明らかに日本には国が二つあった。大和朝廷が支配する国と、出雲王朝の流れを汲む「和」の人たちの国である。

その対立構造の中に、阿弖流為や安倍貞任の戦があった。

聖武天皇が東大寺の大仏に鍍金《ときん》（メッキ）する黄金を求めていると、たまたま東北で金が産出した。それまで朝廷にとって東北は戦をする価値もない土地だった。多賀城を拵《こしら》えたのも、東北を支配するというより、ここまでは我々の領域だぞと蝦夷に示すためだった。

多賀城は蝦夷を滅ぼすための最前線と説明されているが、そうではない。ローマ帝国が北方民族の侵入を防ぐため長城を造ったのと同じ発想で生まれたものなのだ。

それまでは利害がぶつからないから協調していた。ところが蝦夷の国に黄金が出現したため、朝廷軍が入り込むようになった。こうして蝦夷と朝廷との長い戦いが始まる。

古代東北の民・蝦夷は、本来穏やかな暮らしを好む「和」の民だった。

震災で蘇る浄土思想

東日本大震災に際して、東北の被災者たちは見事に「和の国の人の心」を示した。

両親を失った中学一年生くらいの男の子が、「僕よりもっと辛い人がいるだろうから頑張らなくては」と言うのを聞いて涙がこぼれた。八十を過ぎたお婆さんが避難所で「ありがとう、ありがとう」とボランティアたちに感謝する謙虚な姿も見た。

これぞまさしく「和」の国の人々の心のありようだ。

平泉が世界文化遺産に登録されたのも、そうしたことと関係がある。

震災の三年前、平泉の認定が延期になった。一番の問題は、藤原清衡《ふじわらのきよひら》が中尊寺落慶に際し読み上げた供養願文だった。

願文には「一音《いっとん》の覃《およ》ぶ所千界を限らず。抜苦与楽、普《あまね》く皆平等なり。官軍夷虜《いりょ》の死事、古来幾多なり。毛羽鱗介《もううりんかい》の屠を受くるもの、過現《かげん》無量なり。精魂は皆他方の界に去り、朽骨は猶此土《なおしど》の塵と為る。鐘音の地を動かす毎に、冤霊《えんれい》をして浄刹《じょうさつ》に導かしめん」*と記されている。万物平等、そして戦争のない世界を祈念して、浄土思想に則った国を築くという宣言文だ。

平和への祈りが込められた願文は、世界文化遺産申請にも添付された。極楽浄土の考えを理解している我々には、宗教による平和な国づくりはあり得ることと分かる。ところがユネスコは最初それを信じなかった。

藤原清衡の生きた時代は、公家から武士の世への転換期であった。

公家たちは、京都や奈良に立派な寺院を建立した。彼らは自分さえ極楽へ行ければよいと思っているので、競うように立派な寺院を拵《こしら》えた。

一方、武士は極楽など行けないと思っている。仏教で殺生が禁じられているのに、武士は人殺しを職

＊中尊寺建立願文口語訳（抜粋）
この鐘の音は、あらゆる世界に響きわたり、誰にでも平等に、苦悩を去って、安泰を与えてくれる。攻めてきた都の軍隊も、蝦夷とさげすまれ攻められたこの地の人たちも、戦いにたおれた人は昔から今まで、どれくらいあっただろうか。いや、人間だけではない。動物や、鳥や、魚や、貝も、このみちのくにあっては、生活のため、都への貢ぎもののために、数え切れない命が、今も犠牲になっている。その魂はみな次の世界に旅立って行ったが、朽ちた骨は今なおこの地の塵となって、うらみをのこしている。鐘の声が大地を響かせ動かす毎に、心ならずも命を落とした霊魂を浄土に導いてくれますように。
（口語訳／平泉文化遺産センター館長　大矢邦宣）

業としているからだ。

藤原清衡も陸奥《むつ》*を手にするまで戦で沢山の血を流している。そんな人物が現世浄土を目的として国をつくる訳がない、供養願文の思想は虚構だと、ユネスコは決めつけたのだろう。

それに、清衡は国を治める側の人間だ。君主と農民が平等の立場だったら、国はやっていけない。封建社会は身分の上下があって成り立つのだ。

清衡が「万物平等」という理想を持つのはいいが、国の方針としては成立しない。キリスト教は世界の歴史を変えるほどの影響を与えた。にもかかわらず、「神の前の平等」の教えを忠実に実行した国は皆無だ。ましてや極東の島国の、しかも北の辺境で、一つの国が万人平等の教えを守って百年も存在できる訳がない。だからユネスコは浄土思想と平泉のつながりを「証明しなさい、証明しなさい」としきりに言ってきた。

結局そのために平泉の世界文化遺産認定は延期となった。

私も認定されるには「浄土思想」を外して再申請しなければダメだろうなと思っていた。そこに突然、大地震が起きた。

被災地の人たちの苦難に耐え忍ぶ健気な姿は、世界中に感動を与えた。子供もお年寄りも共に手を携え、必死で震災に立ち向かおうとしていた。

＊陸奥
豊富な資源と馬を産する「奥六郡」(岩手郡、紫波郡、稗貫郡、和賀郡、江刺郡、胆沢郡)の「むつ」から陸奥《むつ》と呼ぶようになった

ユネスコも当然、報道を注目しただろう。被災地の岩手、宮城、福島は完全に平泉の文化圏だからだ。そして自分たちがあり得ないと思っていた万物平等の国が、もしかしたらかつての平泉にはあったのかもしれないと思ったに違いない。それが平泉の世界文化遺産認定につながった。被災地の人はキリスト教的な友愛精神以上の深い気持ちで結ばれていた。あれだけの災害にもかかわらず、自分より隣人を思いやり皆が手をつなぎ合った。

これこそが「和」の民の精神であり、その精神を藤原清衡は受け継いでいた。万物平等の考えを持つＤＮＡが、いま現実に東北の人々の心にあることをユネスコは理解したのだ。

東北は千数百年も前から「和」の精神を根底に据え生活してきた。東北から中央政権に戦いを挑んだことなど一度もない。なのに何度も大きな戦に巻き込まれてきた。中央の権力が東北を攻めたのは、金や馬を手に入れるためだった。

さらに近代になると、東北は兵士の供給地となり、電力の供給地とされ、東北に中央では得られないものを負担させる構図となった。

今、福島第一原子力発電所の大惨事を経験し、何十年も立ち入りできない地域も出てきている。これからの日本は、古代から東北にある「和」の精神で生きていく術を学ばなければ立ち直れない。

何度も戦いに敗れながらも、決して屈しなかった東北を、私は語り続けるつもりだ。

第一幕

追われたのは出雲から

古代の東北を探っていくと、
世界の龍信仰や日本神話とのつながりが見えてくる。
天照《あまてらす》系の神々に出雲を追われた国《くに》つ神《かみ》たちは東北へ移動した。
蝦夷《えみし》は東北を「ひのもと」と呼び、朝廷は東北を道《みち》の奥《おく》と呼んだ。
すなわち中央政権の支配が及ばぬ地として「陸奥《みちのく》」と名付けたのである。

東北のストーンサークル

東北を知る最初の手がかりは縄文時代にある。

大学生の頃、父親が秋田県鹿角《かづの》市で病院を始めたので、休みのたびに鹿角の両親の元に帰省していた。十和田湖と八幡平の中間に位置する鹿角は、きりたんぽ発祥の地であり、大日堂に伝わる荘厳な神楽も有名だ。

その鹿角には大湯ストーンサークル*がある。帰省のたびに訪れ、これは何なのかと考えていた。当時の私は、デニケン*の著書やアーサー・C・クラーク*原作の映画『2001年宇宙の旅』の影響で宇宙考古学に夢中だった。かつて地球にエイリアンが来て人類に知恵を授けたという説が、若い私を刺激したのだ。

ストーンサークルは宇宙人の基地ではないかとも想像していた。エイリアンとの関係で縄文時代について調べていたが、東北の歴史そのものへの興味は薄かった。

作家になって間もなく新聞連載した『総門谷*』で、遮光器土偶や

---

*ストーンサークル
環状列石。柱状・板状の石を環状に並べた縄文時代の遺構

*デニケン
エーリッヒ・フォン・デニケン。スイスの実業家で、人類史上の超古代に宇宙人が地球に飛来し、人間を創造し、文明を授けたという説を唱えた

*アーサー・C・クラーク
SF作家

ストーンサークルの謎に取り組むうち、東北の古代史にのめり込むようになった。今は偽書と分かった「東日流外三郡誌《つがるそとさんぐんし》*」の出現により、古代東北への関心が高まった直後のことで、私はひたすらストーンサークルの秘密を解き明かそうとしていた。

資料を当たっていくと、東北が竜の存在に色濃く染められているのが分かった。田沢湖や十和田湖の周辺など、東北には竜伝説がとても多い。大湯ストーンサークルに近い黒又山《くろまんたやま》の周辺にも、竜を祀る神社が残されている。

世界の竜信仰

竜は自在に空を飛ぶ空想上の生き物だ。火を噴きながら飛ぶ宇宙船を、古代の人たちが竜に見立て、そこから様々な伝説が生まれたのではないか。

世界中の竜伝説を調べてみると、奇妙なことに気がついた。

世界には竜を神として崇拝する民族と、悪魔として恐れる民族の二つがあった。キリスト教文化圏では竜を悪魔と呼び嫌悪する。インドの蛇信仰は竜と結びついているため、仏教では竜を神と見てい

*『総門谷』
壮大なストーリーのSF作品。謎の存在「総門」とその部下（役小角・キリスト・プラトン等歴史上の人物）とヒーロー・霧神顕の戦いの物語。この作品で吉川英治文学新人賞を受賞

*「東日流外三郡誌《つがるそとさんぐんし》」
青森県在住の和田喜八郎が発見したとされる古史古伝の一つ

る。

文明の発祥地とされるシュメールには、神様だった竜がある時点から悪魔にすり替わったという伝説がある。エイリアンの中に対立する二大勢力があったことがこの伝説から読み取れる。対立するエイリアン同士の戦いがシュメールの地で起きたので、こうした伝説が生まれたに違いない。

その戦いは人類にも影響を及ぼし、竜を神として支持する側と悪魔として排除する側に分かれた。東西の信仰の違いがここから発生したのだ。

竜を悪魔とする側には、何故か牛を神として崇める信仰が見られる。『旧約聖書』によるとモーセはシナイ山で十戒を授けられた時、偶像を作るなと神から告げられた。ところがモーセが山から下りると、神の不在に怯えた人々はすでに偶像を作っていた。その偶像は牛の姿をしていた。

最初に作られた偶像が牛だったことを考えると、キリスト教に影響を及ぼしたエイリアンは牛に似ており、キリスト教に敵対した宗教と関わったエイリアンは竜の姿をしていたのかもしれない。

私は世界の神話などを手がかりに、小説『竜の柩』*でこれらのことを解明したつもりである。


*『竜の柩』

神＝エイリアン＝竜という仮説から始まった小説。神から知識を授けられた人類はメソポタミアで最初の文明を建設。そこから追われた者たちの一部が日本に渡る、という壮大な物語

出雲の竜信仰

東北のストーンサークルを造った人たちは竜信仰を持っていたようだ。日本の龍信仰の始まりは出雲からである。出雲の斐伊川《ひいかわ》の上流には八岐大蛇《やまたのおろち》*伝説がある。その地で八岐大蛇は神として崇敬されていた。ところが出雲王朝を滅ぼしたヤマト族＝天照《あまてらす》*系の神話では、八岐大蛇は邪悪とされ須佐之男命《すさのおのみこと》*が退治してしまう。土地を支配する竜を退治するところから建国が始まるという構図は、世界各地の神話とも一致する。

天照系の須佐之男命の別名は牛頭天王《ごずてんのう》。須佐之男命は、竜と敵対する牛の姿をした神を崇める一派だったのだろう。

竜を追いかけるうちに、津軽が東北の竜信仰の寄り集まっている場所であり、そのルーツはどうやら出雲だと分かってきた。出雲を追われた国つ神《くにつかみ》*たちが、竜信仰を持ったまま東北に来たのだ。

出雲を支配していたのは大国主命《おおくにぬしのみこと》*たちである。東北には大国主

*八岐大蛇
斐伊川にいたという、頭尾がそれぞれ八つに分かれる大蛇

*天照
天照大神《あまてらすおおみかみ》。伊弉諾尊《いざなぎのみこと》のむすめ。皇室の祖神

*須佐之男命
天照大神の弟

*国つ神
天孫族が来る以前から土着していた神

命を祀る神社が多いのに、本家本元の出雲には大国主命を祀る神社は出雲大社《いずもたいしゃ》しかない。もっと奇妙なのは、出雲大社での大国主命の祀られ方だ。拝殿の中に大国主命がいて、それを取り囲む形で天照の神々が配置されている。まるで大国主命を逃がさぬよう見張っているかのようだ。

神話によれば天孫族《てんそんぞく》たち、つまり天照系の一派が日本にやって来た時、出雲を治めていた大国主命たちは快く国譲りをしたとされている。

「この国はあなたたちにお任せしましょう。私たちには高い塔を造ってくれれば、そこで国の繁栄を見つめ続けましょう」と、国譲りが平和的に行なわれたかのごとく『古事記』*や『日本書紀』*には書かれている。だが、出雲大社の成り立ちは、天照一派が大国主命一派を服従させたことを示すものだったのだ。

新しい支配者が古い支配者を塔に幽閉するのは世界共通だ。古い支配者に国土を眺めさせるためにではない。かつての支配者が決して救出できないところにいるのを、民に見せつけるためだ。だから大国主命も天孫族によって高い場所に幽閉された。

伝承によれば出雲大社の本殿は一三〇メートルを超す高さだったとされる。それは見せしめとして造られたのであって、決して大国主命への尊敬からではなかった。

＊大国主命
出雲の主神

＊『古事記』
七一二年に奏上された現存する日本最古の歴史書

＊『日本書紀』
七二〇年に奏上された日本最古の編年体の正史

国《くに》つ神《かみ》の行方

では、大国主命《おおくにぬしのみこと》に従っていた国つ神たち、つまり日本の先住民の首領たちは、出雲を追われてどこへ行ったのか？

長野の諏訪明神の御神体は蛇＝竜だ。

諏訪大社に祀られている建御名方神《たけみなかたのかみ》は大国主命の子で、国譲りを迫る天照《あまてらす》の使者建御雷《たけみかずち》と力競べをして敗れ諏訪へ逃げた。のちに様々な祟りをなしたので、朝廷は大和に三輪神社《みわじんじゃ》（大神神社《おおみわじんじゃ》）を建立する。

主祭神の大物主大神《おおものぬしのおおかみ》は蛇神である。三輪神社の縁起は、大国主命が自らの幸御魂《さきみたま》*・奇御魂《くしみたま》*を三輪山に祀ったのがそもそもの始まりという。このことからも日本の国つ神は龍の系列であったと考えられる。

『日本書紀』では地上に現れた一番最初の神は国常立尊《くにのとこたちのみこと》とされている。国常立尊は天から命じられて九州に降り立ったものの、何十年経っても報告に戻ろうとしない。そこで天の使いが何度もやって来るが、国常立尊は国つ神たちの仲間になっていた。

＊幸御魂
人に幸福を与える神霊

＊奇御魂
奇跡的な霊力をもった神霊

業を煮やして、ついには天照が降りてくる。

出雲を征服した天照らは、畿内へと攻め込む。戦闘準備をして待ち構えていたのが、現在の奈良県一帯を支配する豪族・長髄彦《ながすねひこ》だった。天照一派の遠征軍を率いる五瀬命《いつせのみこと》は、長髄彦の弓に当たって死ぬ。五瀬命の弟、磐余彦尊《いわれびこのみこと》は一旦退却し、八咫烏《やたがらす》に導かれて熊野から吉野川を遡《さかのぼ》り奈良へと至る。

『古事記』は、その後の長髄彦と天照軍の攻防に触れていないが、饒速日命《にぎはやひのみこと》の神が磐余彦尊に帰順の意向を示したことで、天照軍は畿内を制圧したことになっている。

饒速日命《にぎはやひのみこと》は長髄彦の妹と結婚していた。『日本書紀』は天照軍に服属しない長髄彦を饒速日《にぎはやひ》命《みこと》が殺したとしている。磐余彦とは後の神武天皇だ。

長髄彦ゆかりの神社が、青森県の十三湊《とさみなと》*の近くに今もある。

戦前の調査によって二メートル程の身長の人骨が発見され、長髄彦の骨ではないかと騒がれた。長髄彦神社の周辺には、やはり龍の伝承が残っている。

龍の伝承はシュメールからシルクロードを経てインド、中国、最後には日本へ渡ってきた。もともと、日本にあった信仰ではなく、シュメールから伝播してきたものだったのだ。だからインドや中国の伝説と日本の竜伝説はとても似ている。

＊十三湊
青森県北西部十三湖西側にあった港

アラハバキとは何か

津軽の民が古代から信仰していた神にアラハバキがある。

御神体は黒光りする鉄の塊という謎めいた神で、未だに正体は解明されていない。亀ケ岡《かめがおか》遺跡*や大湯ストーンサークルからは、変わった形の壺や笛に用いたとされる菱形の土器がよく出土する。それらはトルコの辺りにかつて存在したヒッタイトの土器と非常に似ている。

ヒッタイトは世界で初めて製鉄を行なった古代帝国である。ヒッタイトのどこで土器が作られていたかを追い求めると、製鉄施設を含むアラジャ・ホユックの遺跡にたどり着く。

ヒッタイトでは鉄製品をハパルキと呼んでいた。

アラジャ・ホユックのハパルキが転じて、アラハバキになったのではないのか。土器の類似性から、相当古い時代に龍を崇める民が日本に渡って津軽辺りに住みつき、縄文時代を作り上げた可能性があると考えている。

幼い頃より馴染みの深い神ではあるが、なぜ拝まなければならないのか、実はよく知らない。

*亀ケ岡遺跡
青森県つがる市の縄文晩期の遺跡。大形遮光土器や勾玉など豊富な遺物が泥炭層遺跡から出土している

「蝦夷《えみし》とて拝んでおるじゃろうに」

二風《にふう》*は面白そうに笑ったあと、

「須佐之男命《すさのおのみこと》の名を存じておるか？」

　真面目な顔で訊ねた。阿弖流為《あてるい》は首を傾げた。母礼《もれ》*も知らないらしかった。

「陸奥《みちのく》とはあまり縁のなき神。むしろ蝦夷にとっては敵に当たる。出雲に暮らしていた蝦夷の祖先を滅ぼした神じゃ。その須佐之男命が出雲の民より神剣を奪った。草薙《くさなぎ》の剣と申してな……別名をアメノハバキリの剣と言う」

「ハバキリの剣」

　阿弖流為と母礼は顔を見合わせた。

「鉄で作った刀のことじゃ。それまで朝廷の祖先らは鉄の刀を拵《こしら》える技を持たなかった。出雲の民を滅ぼして、ようやく手に入れた」

「すると……アラハバキとは？」

「鉄の山を支配する神じゃよ。この神の鎮座ましますところ、必ず鉄がある。アラハバキの神は鉄床を磐座《いわくら》*となされる。我ら物部《もののべ》*はその磐座《いわくら》を目印にして鉄を掘り出し、刀や道具を代々生

*二風
この物語では物部一族の棟梁

*母礼
阿弖流為の腹心

*磐座
神が鎮座するところ

*物部
古代の大豪族、仏教受容に抗し、蘇我氏に負れた一族

み出して参った。アラハバキの神こそ物部を繁栄に導く守り神」

「………」

「そればかりではない。アラハバキは少彦名神《すくなひこな》とも申して、出雲を支配していた大国主命《おおくにぬしのみこと》のお手助けまでなされた。それで蝦夷も大国主命とともにアラハバキを大事にしておる」

なるほど、と二人は頷いた。物部は鉄の在処《ありか》を知らせてくれる神として、蝦夷は祖先の地である出雲の神として敬っていたのである。

（高橋克彦著『火怨　北の燿星アテルイ』より）


津軽を中心に東北のアラハバキ神社を調べていくと、御神体はほとんどが鉄鉱石である。岩木山の麓にある岩木山神社もアラハバキを祀っているが、御神体は黒い鉄のような石だ。十三湊《とさみなと》に近い洗磯崎神社《あらいそざきじんじゃ》も鉄鉱石を御神体にしている。

鉄を採掘する者にとって、最初に掘り出した大きな鉄の塊は、そこがどれだけの山かの目安となる大事なものだ。南部藩のため働いた山師の間でも、最初の鉄塊を神として祀る風習があったらしい。

出雲の八岐大蛇《やまたのおろち》の神話も、鉄鉱石を製錬するタタラから溶けて流れた鉄から連想されたと考えられる。八岐大蛇の八つの首は、八つの鉱山から流れ出る炎の象徴ではないかという説である。

大国主命の別名は大穴持命《おおあなもちのみこと》なので、大きな穴を持っている神とも読める。つまり鉱山の持ち主だったから付けられた名前ではないだろうか。

大国主命は相当古い時代に龍の伝承を持って日本にたどり着いた一族の末裔であり、彼らが得意としたのが鉱山開発だったのだろう。

映画化されて有名になった『砂の器』という松本清張の小説がある。

秋田県の亀田《かめだ》辺りらしい訛りを話す犯人を刑事たちが追い詰めていく。捜査の過程で島根県に亀嵩《かめだけ》という場所があり、秋田の亀田そっくりの言葉を使っていることが分かる。

その亀嵩はまさに八岐大蛇伝説のある場所だ。亀嵩を含む島根の人たちが故郷を追われ、やがて東北に定着したに違いない。

出雲から海伝いに北へと逃れ、新たな民族を形成していったのが東北人のルーツなのである。

陸奥《みちのく》という呼び名

陸奥《みちのく》あるいは奥州《おうしゅう》という呼び名は、支配する側の呼び方であって、東北の本来の名称は「ひのもと」だった。実際、伊達政宗が東北の一大勢力になった時、家康や秀吉は政宗を「ひのもと将軍」と呼んでいる。

「ひのもと」は「日の本」と書く。日本《にっぽん》と表記したために元の意味が曖昧になってしまった。坂上田村麻呂《さかのうえのたむらまろ》の配下、文室綿麻呂《ふんやのわたまろ》が蝦夷《えみし》の本拠まで大軍を進めていくと、そこに蝦夷《えみし》の国の中心地だということを示す「壺《つぼ》の碑《いしぶみ》」があった。石碑には「日本中央」と刻まれていた。

これを後世の人たちが「ひのもとちゅうおう」ではなく「にっぽんちゅうおう」と読んだため、さらに混乱が生じた。

「壺の碑」は東北を表す歌枕として、多くの歌に詠まれている。

現在、多賀城碑（宮城県多賀城市）が「壺の碑」だとされているが、多賀城は都から来た大野《おおの》東人《あずまひと》*が築いたものだ。多賀城碑と綿麻呂が見た「壺の碑」とは、まったく別なのだ。

綿麻呂が見つけた「壺の碑」は、あくまでも蝦夷による「ひのもと」中央碑である。東北はかつて「ひのもと」と呼ばれていた。その「ひのもと」のルーツは亀嵩である。「ひのもと」とは、おそらく八岐大蛇がいた斐伊《ひい》川の「もと」という意味だ。つまり斐伊川の源流の辺りが「ひのもと」だった。

出雲から東北へ追いやられた者たちが、我々は「ひのもと」の民だということを忘れぬため、「日本」の名称を使ったのだろう。

「日本《にっぽん》……」

＊大野東人
奈良時代の武人。多賀城を設置したりして律令国家の東北経営に貢献した

「蝦夷《えみし》はもともと出雲《いずも》に暮らしていた。出雲の斐伊《ひい》川流域が蝦夷の本拠。斐伊を本《もと》とするゆえ斐本《ひのもと》の民と名乗った。それがいつしか日本と変えられて今に至っておる。宮古や玉山金山の辺りを下斐伊（現在の岩手県下閉伊《しもへい》郡）と呼ぶのもその名残《なごり》」

なるほど、と阿弖流為たちは頷いた。

「大昔の話ゆえ俺もよくは知らぬ。祖父や親父は俺が物部を継ぐからにはと、たびたび聞かせてくれたが、そんなのんびりとした世ではなくなっていた。昔のことが分かったとて朝廷に勝てるわけではない。それでも、そなたらよりは多少知っている」

天鈴*は蝦夷と物部の繋がりを話した。

「出雲を纏めた大国主命《おおくにぬしのみこと》が蝦夷の祖先に当たることは俺の親父からも聞いておろう」

阿弖流為は首を縦に動かした。

「その大国主命の子の一人に長髄彦《ながすねひこ》という者が居て、大和《やまと》を纏めていた。一方、我ら物部の先祖はニギハヤヒの神に従って海を渡り、この国にやってきた。ニギハヤヒの神は今の天皇の遠祖と言われるスサノオの命の子であったらしい。本来なら大国主命と敵対関係にある。なのにニギハヤヒの神は長髄彦の妹を妻に娶《めと》って大国主命の親族となった」

「なぜにござる？」

---

*天鈴
この物語では物部一族の大棟梁

「強引に国を奪うをよしとせなんだのであろう。そこに今の天皇の祖先たちが乗り込んできた。大国主命を幽閉し、力で国を奪わんとしたが、長髄彦は激しく抗《あらが》った。結局、長髄彦は敗れて東日流《つがる》へと逃れた。ニギハヤヒの神は同族であったがためになんとか処刑を免れ、我ら物部も朝廷に従うこととなった。しかし、一度は敵対した物部への疑念はいつまでも晴れぬ。冷遇が目立つようになり、ついには都を追われた。東日流を頼るしかなくなったとき、そなたらの祖先らは我ら物部を喜んで受け入れてくれた。以来、物部と蝦夷はしっかりと手を結んでいる」

「この国のすべてが、もともとは我ら蝦夷のものであったと？」

「そうだ。力で奪ったくせして朝廷は出雲の民から継承したものだと言っておる。蝦夷を執《しつ》拗《よう》に憎むのは、己れの罪を認めたくない心の表われであろう。獣に近い者ゆえに追いやって当たり前と己れに言い聞かせておるのだ」

（高橋克彦著『火怨　北の燿星アテルイ』より）

大和朝廷は東北を「ひのもと」ではなく「みちのく」と呼んだ。

みちのく＝道の奥。「道」を造るのは国家である。国家の権限が及んでいる範囲を示すため、国家は道を造る。東北は朝廷の支配の範囲外であるから「奥」とされた。

すなわち「みちのく」とは中央と東北の対立構造を、まざまざと示す名称なのである。

常に中央から討伐の対象とされてきた東北の実像は、神話や伝承なども併せ史実を多角的に見なければ浮かんでこない。

伝承を復元する

東北は朝廷など中央政権に負け続けている。

阿弖流為《あてるい》が坂上田村麻呂《さかのうえのたむらまろ》に、安倍貞任《あべのさだとう》が源頼義《みなもとのよりよし》に、平泉の藤原泰衡《ふじわらのやすひら》が源頼朝《みなもとのよりとも》に、九戸政実《くのへまさざね》が豊臣秀吉《とよとみひでよし》に、そして奥羽越列藩同盟は明治新政府により賊軍とされた。

負けた側の歴史は抹殺される運命にある。五回も負けた東北の歴史はズタズタにされ残っていない。

しかし、東北にもずっと人々の営みがあり、古代から現代まで歴史があった。その復元を自分の使命として、私は小説を書き続けてきた。

『火怨』*を執筆した時、『続日本紀《しょくにほんぎ》』*に阿弖流為の記述があまりに

*『火怨』
阿弖流為を主人公に蝦夷のあつい魂の物語を構築した小説。吉川英治文学賞受賞作

*『続日本紀』
『日本書紀』のあとの文武天皇から桓武天皇までの編年体の史書

も少ないため、三十年近くに及ぶ蝦夷と朝廷の戦の真実を見極めるのが難しかった。

阿弖流為だけでなく、安倍貞任についても公式の史料では何も分からなかった。

この問題を調べていた二十年ほど前はバブルの真っ只中だったため、東北六県の各市町村がこぞって市町村史誌を作っていた。そこで各市町村に阿弖流為や安倍貞任の伝説の提供をお願いしたところ、段ボール箱で五つくらい集まった。

それらの資料を読みながら、市町村史に書かれている事柄を年表に書き込んだ。

ある村の村史を開くと、衣川で敗北した安倍貞任がやって来て洞窟に数日間隠れ、どこそこの方面に逃れた、と書いてある。

今度は、逃れた先とされる村の村史を開くと、貞任がしばらく滞在して、また別の村へ去った、とある。そこで別の村の村史を開くと、確かに貞任が逃れてきた、と。

そうやって話が次々つながっていくというのは、伝説に何らかの根拠があるからだろう。同時にそれは阿弖流為や貞任が、地元の民から大事に思われていた証しでもある。でなければ長い間語り伝えられるはずがない。東北の伝説や伝承を詳細に検討すると、『続日本紀』などには記されなかった歴史が見えてくる。『炎立つ』*や『火怨』は歴史の研究書ではないので、伝説や伝承を書き込んだ年表をもとに執筆した。

*『炎立つ』
前九年・後三年の役から平泉藤原氏滅亡までの、東北人の魂を揺さぶる壮大な叙事文学

東北の町や村を歩くと、蝦夷《えみし》ゆかりと伝えられる土地だとか地名によく出くわす。負けた側の東北は歴史を記述することが許されなかったので、せめて言い伝えや地名という形で敗者の記憶を残したのだろう。

勝者の側は自分たちに都合の悪いことはすべて隠す。負けた側が悪いからこうなったとしか書かないのである。だが、伝承をつなぎ合わせる方法であれば、失われた東北の歴史が復元できると分かった。

例えば盛岡の厨川《くりやがわ》の柵《さく》跡へ行くと、安倍貞任の娘が源義家と情を通じたという話が伝わっていたりする。娘を祀った神社も確かにある。

その伝説から、厨川の柵を包囲した源義家の軍に見せつけるように、安倍一族の女たちが雅な舞を披露していたのだろう、と作家の私は想像してみる。

女たちの中には、戦の前途を悲観し柵のある断崖から眼下の北上川に飛び込んだ女もいたであろう。やがて語り伝えられるうちに、飛び込んだ女は貞任の娘だったと変化してしまったのかもしれない。

作家の想像力を刺激する伝説や伝承が東北には溢れている。

第二幕

失ったのは平和な楽園

光仁天皇は蝦夷《えみし》を「卑しい者」と断じ、討伐を命じる勅を発した。
蝦夷の誇りを守るため呰麻呂《あざまろ》が蜂起。
朝廷と蝦夷の三十年にわたる戦いが始まった。
呰麻呂の志を受け継いだ阿弖流為《あてるい》は朝廷軍を撃退し続けたのち、
坂上《さかのうえ》田村《たむら》麻呂《まろ》に投降する。負けたのではない。
自らの命と引き替えに、長引く戦を収めようとしたのだ。

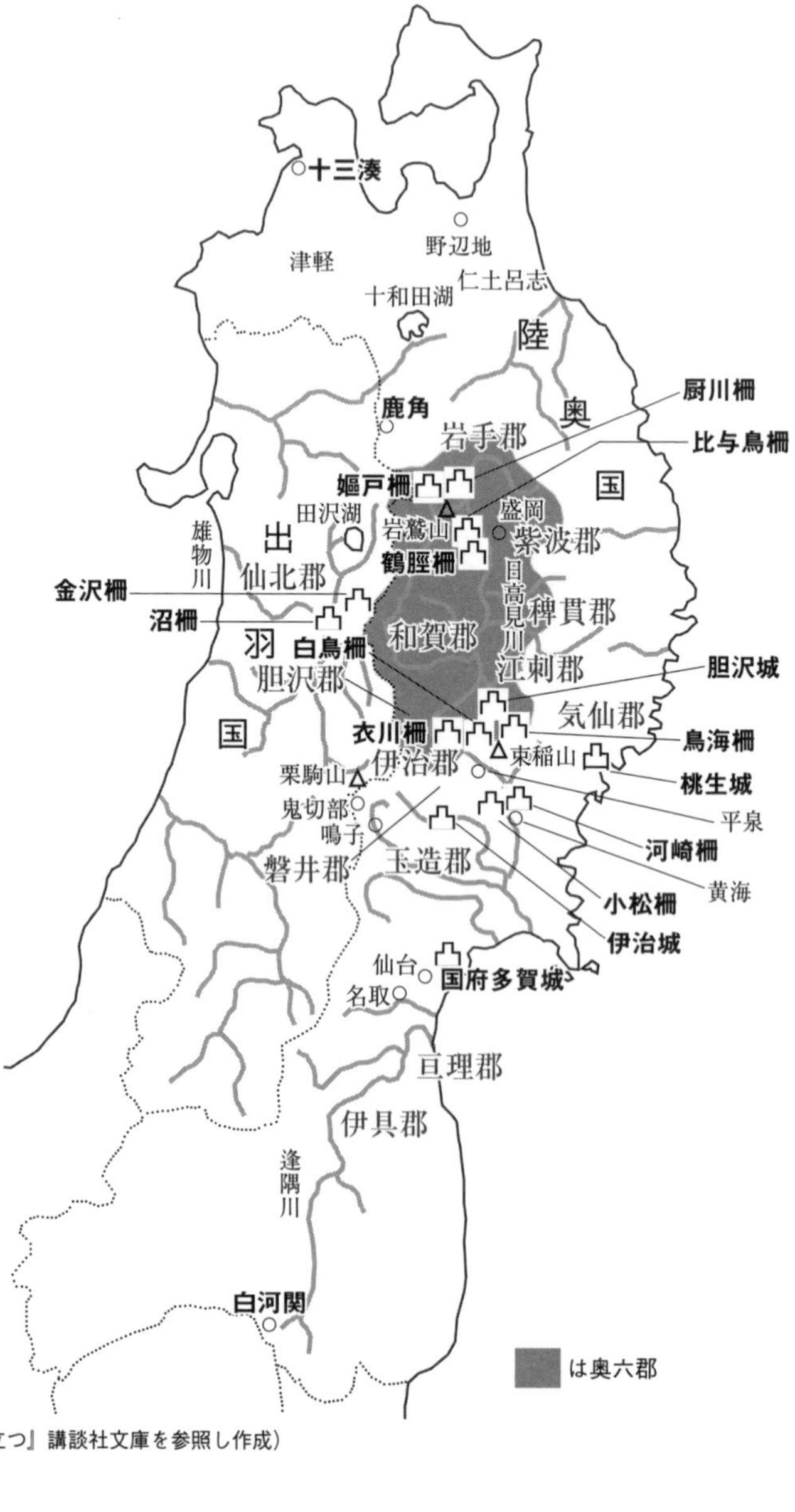

（『炎立つ』講談社文庫を参照し作成）

境界線と蝦夷《えみし》

東北には貴種流離譚《きしゅりゅうりたん》*が多い。

中央で問題を起こした人間たちは、東北へ逃げ込んでくる。平安時代まで朝廷の力が及ばぬ土地だったので、逃げ込まれたら手を出せなかったのだ。

何故、朝廷の力が及ばなかったのか？

それは異民族の国だからである。前述したように朝廷のルーツは、天照たちが出雲王朝の「和」の国を滅ぼし、「大和」という国家を建設したところにある。

けれども「和」の国は、「大和」が完全に滅ぼせるほど小さくなかった。

仕方なく大和朝廷は境界線を設け、互いに干渉しないやり方を取った。「和」の国の人々を東北と九州へ追いやり、そこを化外《けがい》の地*としたのだ。

境界線では常に戦いがあった。

三世紀から四世紀にかけて、境界線の付近で蝦夷《えみし》と争ったという

＊貴種流離譚
尊い家柄の英雄が郷里を離れさまよい、女性や動物などに助けられて、苦難を克服していく話

＊化外の地
中央政権の支配力の及ばない所

記録が残っている。だが、その時点ではまだ大きな戦いにならなかった。

中央から東北まで遠征するには様々な問題がある。兵士だけでなく、武器や食糧を補給する兵站を、しっかり確保した上でないと戦はできない。

朝廷も五世紀までは東北を放置していた。最初の陸奥守《むつのかみ》*が任命された六世紀でも、朝廷の支配は関東と新潟の辺りまでだった。そこから北は蝦夷の領域とされ、国が二分されていた。

境界線に新たな楔を打ったのは、六五八年から六六〇年にかけて最初の蝦夷征伐を行った阿倍《あべの》比羅夫《ひらふ》だ。比羅夫は水軍を率い、若狭から新潟に至る海を支配していた男である。斉明天皇の命により、比羅夫は海路を北上して秋田と津軽を朝廷の支配下に組み入れた。

その時代から蝦夷とは何者かという認識に混乱が生じてくる。

樺太まで行ったとされる阿倍比羅夫が制圧した蝦夷《えみし》とは、どのような人々だったのか？　当時は東北から北海道のすべて、あるいは大陸の一部まで含んだ広い地域を蝦夷の国としていた。比羅夫は東北の蝦夷を征伐したというより、むしろ彼らの協力を仰いで北海道の函館の辺りを攻めたらしい。

阿倍比羅夫の末裔が実は問題だ。

のちに前九年の役で朝廷と争った安倍貞任《あべのさだとう》を比羅夫の末裔とする説があるのだ。比羅夫の一族は、東北に早い時期から支配権を確立

＊陸奥守
現在の福島県・宮城県・岩手県・青森県一帯の長官

していたため、遠く北海道方面まで侵攻できたのではないのか。その一族の中で東北に土着した者らが、貞任たち安倍一族のルーツではないかと私は考えている。

安倍比羅夫の血筋を遡《さかのぼ》ると長髄彦《ながすねひこ》にたどり着く。出雲から逃れた長髄彦の係累が阿倍氏を名乗り、都人と融合して、やがて比羅夫が登場した。比羅夫の一族は、どうやらかなり古い時代から東北に関わっていたらしい。比羅夫の家系には、安倍晴明《あべのせいめい》*もいるとされる。つまり安倍晴明と安倍貞任は同じ一族なのである。多賀城が造られた頃まで、朝廷の認識として東北は蝦夷の暮らす所であり、そこに阿倍比羅夫の末裔もいた。

のちに貞任の父・安《あ》倍頼良《べのよりよし》を陸奥守に任命すべきかどうかの問題

*安倍晴明
平安中期に、占い・天文・時刻・暦を作成した陰陽師

6世紀中葉	日本に仏教伝来
587年	**物部守屋《もののべのもりや》、蘇我馬子《そがのうまこ》に滅ぼされる**（7）
604年	初めて暦を用いる（1） 皇太子が憲法17条をつくる（4）
646年	大化改新（1）
649年～654年頃	**陸奥国を置く**
658年～660年	**阿倍比羅夫《あべのひらふ》、蝦夷・粛慎《みしはせ》を征討**
663年	白村江の戦い。倭国、唐・新羅連合軍に大敗（8）
672年	壬申の乱起こる（6）
694年	藤原京遷都（12）
701年	大宝律令制定（8）、翌年施行（2）
708年	武蔵国秩父郡より和銅が献じられる（1）

〔（　）内は月を表す。以下同じ〕

が起きた時、氏素性はあまり問題にされていない。安倍氏が朝廷にも名を知られた有力な一族だったからだろう。

『炎立つ』を書いた時点では、まだそこに気がついていなかった。『風の陣』[*]で阿倍比羅夫を書こうと調べるうち、相当古い時代から安倍氏（阿倍氏）が都の上層部と交流があったと考えるようになった。

朝廷は東北を別の国とみなしていた。都人を派遣して東北を支配することは不可能だ、蝦夷のことは蝦夷に任せるやり方は、そうした認識を示すものなのではないか。完全に都と敵対した人物が蝦夷の首領であれば、三世紀頃から何百年も続いた境界線上の争いが小競り合い程度で済むはずがない。

多賀城造営と黄金の発見

六四六年に大化改新《たいかのかいしん》の詔が出され、朝廷による中央集権の整備が始まった。

蝦夷《えみし》の暮らす東北にも城柵を設け、朝廷の支配体制に組み込もうとする動きが現れてくる。奈良時代の文献である『常陸国風土記《ひたちのくにふどき》』

＊『風の陣』
蝦夷として初めて組織的な叛乱起こした伊治呰麻呂の物語

によると、大化の改新直後に関東以北に置いた八国の一つが陸奥国の始まりと考えられている。

七一二年には出羽国が置かれた。当時、行政を統轄する役人として、朝廷から按察使《あぜち》*が全国に派遣されていた。東北に新たな城柵が設けられ、朝廷の役人と共に移住してきた人たちも大勢いたと『続日本紀』に記されている。よそ者の移民たちと先住民である蝦夷の間に摩擦が生じたであろうことは容易に想像がつく。

七二〇年、蝦夷が陸奥国按察使の上毛野広人《かみつけのひろひと》を殺害する事件が起き、陸奥と出羽でも散発的な反乱があった。そこで朝廷は新たな境界線を設けることにした。

多くの人が誤解しているが、多賀城を造ったのはあくまで境界線の守備のためであって、この時点では東北の支配まで目論んでいなかった。多賀城を戦闘拠点の鎮守府*に改めたのは、造ってから大分あとのこととなる。

本格的な朝廷の陸奥支配は神亀《じんき》元（七二四）年、陸奥鎮守将軍*に任ぜられた大野東人《おおののあずまひと》が多賀城を築城したことにはじまる、と見られているが、それは陸奥の支配が目的と言うより、朝廷の統括している領地を明確にする示威行動であったような気がする。

境界線に城を築き、多くの兵を駐留させることによって蝦夷の居

＊按察使
行政を監督・視察する役人

＊鎮守府
蝦夷を鎮圧するために置かれた官庁

＊鎮守将軍
陸奥国・出羽国の両国に駐屯する兵士の指揮官で平時におけるただ一人の将軍

留地をはっきりと定めたのである。支配をする気はないが、この線を越えて進入すれば、ただではおかないぞ、と脅しをかけたのだ。都の民たちにとって蝦夷は得体の知れない、なにやら恐ろしき者たちに映っていた。だが、蝦夷にしても、それで異存がなかったはずである。暮らす地域を限定されたと言っても、別に土地を奪われたわけではない。豊かな自然に恵まれた陸奥の国は、たとえ都の民には辺境と見られていようと、自由に手足を伸ばせる楽土だった。必死で境界線を定めようとする朝廷の兵士たちを蝦夷は微笑《ほほえ》みながら見守っていたことだろう。

（高橋克彦著『火怨　北の燿星アテルイ』より）

ヨーロッパを席巻したのち、ローマ帝国軍の一部はドーバー海峡を渡った。スコットランドの辺りで侵攻の限界を悟り、先住民との境界線に長い防壁を築いた。朝廷

709年	巨勢麻呂を陸奥鎮東将軍、佐伯石湯を征越後蝦夷将軍に任命、陸奥・越後の蝦夷を攻撃（3）
710年	平城京遷都（3）
712年	古事記奏上される（1）、出羽国を置く（9）
720年	日本書紀奏上される（5）
720年	陸奥国按察使・上毛野広人が殺害される（9）
724年	鎮守将軍・大野東人、多賀城を設置
740年	藤原広嗣の乱（9）
741年	国分寺、国分尼寺建立の詔《みことのり》（2）
749年	陸奥国涌谷より黄金産出（2）
760年	涌谷の北側に桃生柵（城）設置
764年	恵美押勝《えみのおしかつ》（藤原仲麻呂）の乱（9）

が多賀城を造ったのも、それと同じような感覚だろう。

それまでの柵が現在の仙台の辺りにあったとすれば、そこが最前線になってしまうので、涌谷一帯を取り込むことができる場所に多賀城を設けたことは重要な政策転換だった。按察使《あぜち》を殺されたことによって、朝廷の危機感が相当強まったのだろうが、それに対してろくに兵も送っていない。按察使は陸奥と出羽を支配する行政権を持っている人間である。しかし当時の朝廷が認識していた陸奥に、はたして仙台の辺りまで含まれていたのかどうか。蝦夷が按察使を殺したのは、もともと朝廷側に帰順していた、いわゆる俘囚《ふしゅう》といった蝦夷の民が、たまたま何か問題があって小さな諍《いさか》いから起こしてしまった事件だったのではないか。それを朝廷側が大きな出来事と捉えて、この際、蝦夷と自分たちの国家をきちんと分離しておく必要性があるとして設けたのが多賀城だった。

だが、七四九年に黄金が涌谷《わくや》（現・宮城県遠田郡）で産出されたことにより、朝廷の東北に対する意識が変わった。

朝廷は東大寺の大仏を造営しており、黄金の調達に苦慮していた。涌谷の黄金で大仏の鍍金《ときん》（メッキ）が可能になったのを、朝廷は仏の加護とみたのである。

天平《てんぴょう》二十一（七四九）年春。多賀城にほど近い小田《おだ》郡から大量の黄金が産出したのである。

これに朝廷は狂喜した。歴史の偶然ではあろうが、このとき朝廷は東大寺の大仏造立《ぞうりゅう》に着手していた最中で、しかも八分通りの完成を見ていた。あとは黄金で鍍金《ときん》を施せばいいという段階にまで達していたのである。が、普通の大仏ではない。莫大な黄金を必要とする。なのに日本に黄金はない。唐から輸入するしかないのだ。調達に苦慮していた矢先にこの朗報が入り、朝廷はどよめいた。まさに仏の加護としか思えない。天皇はさっそくにその喜びを改元という形であらわした。天平二十一年改め天平感宝《てんぴょうかんぽう》元年。宝の出現に感謝するという意味合いであろう。その時世を代表する歌人である大伴家持《おおとものやかもち》も黄金の産出に感涙し、

すめろぎの御代栄えんと東路《あずまじ》の
　陸奥山に黄金《こがね》花咲く

と詠《よ》んで天皇の威光を褒《ほ》めたたえた。

辺境と見捨てられ、なに一つ価値を見出《みいだ》されていなかった陸奥が、このときから朝廷にとって宝の国となる。黄金があればいくらでも仏を造り、

＊多賀城の碑文

多賀城
　京を去ること一千五百里
　蝦夷国の界を去ること一百二十里
　常陸の国の界を去ること四百十二里
　下野の国の界を去ること二百七十四里
　靺鞨《まっかつ》国の界を去ること三千里
西
此城は、神亀元年歳は甲子に次る、按察使・兼鎮守将軍・従四位上・勲四等大野朝臣東人の置く所也。天平宝字六年歳は壬寅に次る、参議・東海東山節度使・従四位上・仁部省卿・兼按察使・鎮守将軍藤原恵美朝臣朝獦、修造する也。
　天平宝字六年十二月一日

寺を建立《こんりゅう》することができる。仏の浄土を現世に構築できるのだ。時代は仏教の教義による末世に入っていた。極楽に迎えられるためには仏への帰依《きえ》を明瞭にしなければならない。天皇一人でなく公卿たちも争って黄金を求めはじめた。

多賀城に精鋭が送り込まれる。

（高橋克彦著『火怨　北の耀星アテルイ』より）

涌谷で黄金が出て、いきなり東北が金の価値に目覚めたとは考えられない。おそらく、その前から奥六郡では砂金によって黄金を産出していたのだろう。私が一番の問題点とするのは、涌谷で金が産出した翌年に、朝廷は蝦夷たちの年貢を金に換えていることだ。涌谷の金だけで東北全体の年貢は賄えない。

東北の黄金を東大寺の大仏に利用した頃から、公家の間で寺社を建立するブームが起きた。自分たちも東大寺のような寺を造りたいが、仏像を鍍金《ときん》するには大量の金が必要だ。そこで年貢を金で納めさせる安易な形に改めた。

涌谷のほかにも沢山の金があるという情報によって、陸奥を今後どう扱うべきかが朝廷の重要事となった。

朝廷のトップにいた恵美押勝《えみのおしかつ》（藤原仲麻呂《ふじわらのなかまろ》）は、何故か息子の藤原朝狩を陸奥守に任命している。朝狩が多賀城に赴任後、礎石を用いた堅固な「城」に改修したと多賀城碑にはある。

本来なら多賀城は、朝狩のような高位の人間が来る場所ではない。押勝が金の利権を確保するため、身内を派遣したと考えるのが妥当だろう。

この頃から蝦夷と朝廷の緊張が高まっていく。七六〇年、涌谷の北に桃生柵（城）が設けられ、七年後にはそれより北に伊治柵（城）*ができた。

朝廷の姻戚として栄華をほしいままにした恵美押勝《えみのおしかつ》だったが、孝謙天皇が道鏡*を重用することを諫めたため排斥されていく。七六四年、藤原仲麻呂の乱として知られる事件で押勝（仲麻呂）は没落し、道鏡の時代が始まる。

道鏡も鍍金のための金が欲しい。東北を搾取しようと蝦夷への圧力がさらに強まった。

東北に支配地を広げるため、朝廷は兵を送り次々と拠点を設けていった。力ずくのやり方が反発を買い、やがて蝦夷の首領・呰麻呂《あざまろ》による按察使《あぜち》・紀広純《きのひろずみ》殺害へとつながっていく。

叛旗を翻した蝦夷《えみし》たち

＊伊治城
現・宮城県栗原市築館町

＊道鏡
河内の僧だったが病気治療で称徳天皇（女帝）に信頼され法王になった。のち、皇位の継承を企てたが、失敗し、現在の栃木県に流され、当地で没

七七〇年夏、朝廷軍に帰順して蝦夷《えみし》鎮圧にあたっていた宇漢迷《うかめの》公《きみ》宇屈波宇《うくはう》が突然、職務を放棄。いずれ朝廷の城を焼き滅ぼすと言い残し、一族を引き連れ陸奥の奥地へと去った。

四年後、宇屈波宇の一派と思われる蝦夷が桃生城を攻撃。朝廷側の史料は、西の城郭が破られたと記すだけだが、恐らく甚大な被害があったのではないか。

その後も『続日本紀』には蝦夷との戦がしばしば登場する。

七八〇年、陸奥守であり陸奥鎮守将軍の紀広純《きのひろずみ》は蝦夷の領域に入り、胆沢《いさわ》地方に新たな拠点の覚鱉城《かくべつじょう》を造営すると朝廷に言上した。

　宝亀十一（七八〇）年二月二日。
　陸奥国がつぎのように言上した。船路をとって、まだ降伏していない賊を伐《う》ちはらおうと思いますが、近年はたいそう寒く、その河はすでに凍り、船を通すことができません。しかし、今も賊は来攻して犯すことをやめません。このため、まずはその

766年	道鏡、法王となる（10）
767年	伊治柵（城）を設置（10）
769年	桃生・伊治の２城完成、坂東八カ国の百姓を移す（２）
770年	道鏡、下野へ追放される（８）
776年	陸奥国俘囚を太宰府管内の諸国・讃岐国に移配（９）
777年	出羽国の兵士、志波村の蝦夷に敗退（12）
780年	伊治呰麻呂《いじのあざまろ》が伊治城で紀広純《きのひろずみ》を殺害（呰麻呂の乱）（３） 陸奥国に覚鱉城《かくべつじょう》を造る

侵寇《しんこう》の道を塞《ふさ》ぐべきでしょう。そのうえで軍士三千人を徴発し、三、四月の雪が消え、雨水の溢《あふ》れる時をとらえて、賊地に直進し、覚鱉《かくべつ》城を固め造ろうと思います。

同年同月十一日。

天皇はつぎのように勅した。狼はこどもでも荒々しい心を持ち、恩義を顧《かえり》みない。そのように蝦夷も、あえて山川の険しいことをたのみ、しばしば辺境を侵犯している。兵は人を損なう凶器ではあるが、それを用いることもやむをえない。よろしく三千の兵を発して、卑しい蝦夷の残党を刈りとり、もって敗残兵を滅ぼしてしまうように。

（現代語訳『続日本紀』より）

朝廷に帰順していた蝦夷も、自分たちを卑しい者と断じた勅を知って激怒した。蝦夷の誇りは著しく傷つけられたのである。この年から朝廷と蝦夷の確執は、全面的な抗争へと発展していく。

一人、皆麻呂だけは青ざめていた。

ぶるぶると体が震える。

〈狼だと！　卑しい蝦夷だと！〉

信じられない言葉であった。

〈朝廷に永年恭順《きょうじゅん》してきた蝦夷を……刈り取って滅ぼせと言うのか！〉

それが他でもない天皇の言葉なのである。

〈おれはなんのために堪《こら》えてきた！〉

情けなかった。悔《くや》しかった。腹が立った。泣きたくなった。勅書をこの場で引き千切《ちぎ》ってやりたくなった。大声で喚《わめ》きたかった。

〈蝦夷は卑しい狼か！〉

結局はそういう目でしか蝦夷を見ていなかったのか。薄汚い獣《けもの》の仲間としか。

必死で呰麻呂は堪えた。

怒りで我を忘れてしまいそうになる。

睨《にら》んだ広純の顔が滲《にじ》んで見えるのは、堪えてもどうしようもなく溢れる悔し涙のせいだ。呰麻呂は俯《うつむ》いて涙を隠した。

「今宵《こよい》は多賀城挙《あ》げての祝宴といたす」

広純の弾《はず》んだ声に広場は沸き返った。

〈こんな者どものために……〉

自分を殺していたと思えば眩暈《めまい》がする。

自分のこれまでがすべて無駄であった。

呰麻呂の目からぼたぼたと涙が滴《したた》った。
この世に蝦夷ほど哀れなものはあろうか。
獣と蔑《さげす》まれたのである。

（高橋克彦著『風の陣　裂心篇』より）

陸奥を掌握するため、按察使《あぜち》、鎮守府将軍、陸奥守《むつのかみ》など、朝廷には様々な役職があった。紀広純は陸奥守でありながら鎮守府将軍と按察使も兼任している。あえて一人に権力を集中させたのは、それだけ蝦夷との間が緊迫していた証拠であろう。

蝦夷としても、自分たちの勢力圏のど真ん中の胆沢《いさわ》地方に、朝廷軍の拠点が築かれるのは看過できない。とはいえ、胆沢に拠点を設けたところで、食糧の確保だけでも困難だから、いつでも潰せるという見方も蝦夷側にはあった。

宝亀十一（七八〇）年の春は蝦夷の歴史において特に強く銘記されなければならない。当事者であった蝦夷と朝廷の者たちにとっても変革の年として永く胸に刻まれたことだろう。それまでは小競《こぜ》り合いの範疇《はんちゅう》を超えなかった対立が、この春からはっきりと蝦夷全体と朝廷との抗争とに広げられたのである。

もっとも、三月の上旬までは、事態がまさかそこまでに至るなど双方のだれ一人として予測していなかった。

いかにも蝦夷の中心地帯である胆沢を睨《にら》む土地に朝廷軍が進出してきて覚鱉《かくべつ》城を築かれては穏やかではない。だが、たとえ築いたところで半年も保《も》つまい、と楽観視していた蝦夷が大半だった。直面する胆沢の蝦夷たちはむろん苦労を重ねることになろうが、それは駐留する朝廷軍も同様である。敵地の中に居座ることになるのだ。そうなった場合、食糧の確保が厄介である。いったいどれほどの兵を送り込んでくるつもりか知れないが、三千以上ともなれば莫大な食糧が必要となる。たちまち底をついて新たな輸送に頼らなければならない。恐らく日高見《ひたかみ》川を船で運ぶはずだ。それを途中で襲えば、城に駐留している兵たちも撤退せざるを得なくなる。正面より戦わずして追うことができよう。当座の何ヵ月かを凌《しの》げば胆沢はふたたび蝦夷の手に戻る。新たな城ごときで慌てふためくことはない、と見ている者が多かった。むしろ一度試させ、それがいかに無駄なことであるかを知らしめるのも今後のためには大事であると力説する者さえあったほどだ。

朝廷軍の方も一つの城ですべてが解決するとは思っていない。敵地に乗り込んで城を作って見せることが肝要なのだ。それに蝦夷は小人数で的を絞らずに攻撃してくる。だから守勢に回されてしまう。蝦夷の土地近くに城を作れば大挙して攻めてくる。その方がかえって戦いやすい。鎮守将軍紀広純《きのひろずみ》の思惑はそこに重きが置かれていた。
本格的な攻防には互いにまだ間《ま》があると見越していたのである。

（高橋克彦著『火怨　北の燿星アテルイ』より）

呰麻呂《あざまろ》の反乱

伊治城を本拠とする現地豪族の呰麻呂《あざまろ》は、蝦夷でありながら長らく朝廷に仕えていた。だが、東北を搾取の対象としか見ない中央の方針に憤り、密かに蜂起のチャンスをうかがうようになる。

（光仁天皇の勅が出された直後の七八〇年三月）陸奥国《むつのくに》伊治郡の大領《だいりょう》*で外従五位下《げのじゅうごいのげ》の伊治公呰《あざ》麻呂《まろ》が反乱をおこし、徒党を率いて、按察使・参議・従四位下の紀朝臣《あそん》広純を伊治城において殺害した。紀広純は宝亀年中に地方官となり陸奥守に任ぜられ、ついで按察使に転任した。職にあって政務をみるのに有能ぶりをたたえられた。伊治呰麻呂はもともと服属した蝦夷《えみし》の出身で、はじめは訳あって紀広純を嫌っていたが、呰麻呂は怨《うら》みを匿《かく》し、いつわって紀広純に媚《こ》び仕え

＊大領
郡司の長官

るふりをした。紀広純はたいそう呰麻呂を信用し、とくに気を許していた。また牡鹿《おしか》郡大領の道嶋大楯《みちしまのおおたて》はつねに呰麻呂を侮辱し、蝦夷として遇したので、呰麻呂はこれを深く根にもった。ときに紀広純は建議して覚鱉《かくべつ》城をつくり、衛兵や斥候を遠くに配置した。そして軍を率いて伊治城に入ったとき、道嶋大楯と伊治呰麻呂がともに従っていた。ここに至って呰麻呂はみずから内応し、蝦夷の軍を呼び寄せて誘《いざな》い、反乱をおこした。呰麻呂はまず大楯を殺し、衆を率いて按察使の紀広純を囲み、改めてこれを殺害した。ひとり陸奥介《むつのすけ》の大伴宿禰真綱《おおとものすくねまつな》だけを呼び、囲みの一角を開いて外に出し、多賀城にまで護《まも》って送り届けた。その多賀城は長年国司《こくし》の治所であり、兵器や食糧を計《かぞ》えきれないほど蓄えていた。このため城下の人民は競って入り、城中に保護を求めたが、陸奥介の真綱と陸奥掾《むつのじょう》の石川浄足《いしかわきよたり》はひそかに後門より出て逃走し、人民はついに拠《よ》りどころを失って、たちまち散り散りになって去った。その数日後に賊徒は多賀城に至り、争って府軍のものを取り、重いものも残さず略奪して去った。そのあとに残ったものには、火を放ち城を焼きはらった。

（現代語訳『続日本紀』より）

呰麻呂は上司である按察使・紀広純を殺害した。

この事件は上毛野広人が殺害された時とは比較にならないほど重大だ。広人の殺害は多分に偶発的であったが、呰麻呂の背後には蝦夷の強大な反乱組織がいたからだ。『続日本紀』からも、呰麻呂を何としても征伐しなければという緊張感が伝わってくる。

呰麻呂の乱で、蝦夷と朝廷との緊張はピークに達する。

一番の要因は紀広純の存在にあった。紀氏は少し前まで道鏡によって政治の表舞台から遠ざけられていた。道鏡失脚後に即位した桓武天皇の母親は、紀氏の出身である。そこで紀氏は下級の公家から一気に引き上げられた。桓武天皇は陸奥の黄金を収奪するには身内を使うほうが便利だと、広純を陸奥守に任命した。

任期中は蝦夷の小さな反乱が頻発した。

広純による黄金の取り立てが過酷だったせいだろう。忠勤ぶりが認められ、広純は都へ戻れば三位への昇進が決まっていた。その広純が殺されたため、単なる辺境の諍いではなく、朝廷に対する大反逆であるとされた。

反乱鎮圧のため何万という大軍を送り込むにあたり、陸奥における絶対的権力を付与した征夷大将軍が新たに設けられた。これは朝廷が蝦夷制圧にどれほど力を注いでいたかを示している。

桓武天皇即位と平安京遷都

呰麻呂《あざまろ》の反乱が起きたのは、桓武天皇即位の直前だった。のどかな平城京の時代が終わりを告げ、都を奈良から京へと移す大国家プロジェクトが始まろうとしていた。

　信じられないことであるが、蝦夷《えみし》の平穏はそれから七年も続いた。むろん朝廷が陸奥《みちのく》から完全撤退したわけではなく、蝦夷と朝廷の境界線では小競り合いが相変わらず繰り返されたのであるが、大きな戦さに発展しなかったということである。それには征東将軍＊藤原小黒麻呂《ふじわらのおぐろまろ》の後を引き継いで陸奥按察使《むつのあぜち》兼鎮守《ちんじゅ》将軍＊として派遣された春宮大夫《とうぐうのだいぶ》従三位《じゅうさんみ》の大伴家持《おおとものやかもち》の穏健政策が多分に与《あず》かっている。大伴家持はその姓が示すごとく武門で聞こえた大伴一族の要《かなめ》を成す人物であったのだが、性質はすこぶる温厚で、内裏《だいり》随一の歌人として名が広まっていた。だからこそ親王の養育係を永く任せられていたのである。策に優れ内裏の信任は篤《あつ》くとも、いわゆる武人ではない。その上、陸奥で蝦夷相手に過酷な戦いを繰り広げるには老齢過ぎた。赴任当時、家持は六十五歳であった。冷静に考えるなら、朝廷は幾多の失敗に懲《こ》りて、しばらく蝦夷の様子を見守る政策に転じたのであろう。血気盛んで出世欲に燃える人物を征東将軍に配すれば蝦夷を刺激して大戦さに発展しかねない。そこで温厚で柔軟な家持

＊征東将軍
天皇から節刀を賜り、蝦夷を討伐するために派遣された将軍。征東大使とも言う

をあえて登用したと見るのが適切である。それにもう一つ理由を加えるなら、桓武《かんむ》天皇には家持を都から遠ざけたいという思惑もあった。次の天皇と定められている弟の早良《さわら》親王の片腕として家持はあまりにも多くから信望を得ていた。歴史の結果から言えることだが、桓武天皇は家持の内裏内における信望を案じていたのである。その人気の高さは早良親王のそれにも繫《つな》がる。践祚《せんそ》*して以来、蝦夷討伐の失敗も含めて数々の苦難に見舞われている天皇にとって早良親王の存在は気になるものだった。早々の譲位を囁《ささや》く者たちも出てきていた。ここで家持を親王から切り離し、しかも蝦夷との対立を緩和できれば一度に二つの悩みから解放されることになる。親王から切り離され、老齢で陸奥に送り出された家持の心は複雑だったに違いないが、天皇の狙い通り家持は見事にその役目を果たした。家持は

＊践祚　天皇の位を受け継ぐこと

781年	桓武天皇即位（4）
784年	長岡京遷都（11）
788年	紀古佐美《きのこさみ》征東大使に任命される（7） 紀古佐美《きのこさみ》節刀を賜う（12）
789年	蝦夷征討を開始（3） 征東将軍らの敗戦責任を勘問し責任者を処罰（9）
791年	大伴弟麻呂《おおとものおとまろ》を征東大使に、坂上田村麻呂を副使に任命（7）
794年	征夷大将軍、大伴弟麻呂に節刀を賜う（1） 大伴弟麻呂、征討軍の戦果を報告（10） 平安京遷都（10）

蝦夷を挑発することなく、じっくりと陸奥の情勢を沈静化させ、多賀城の再建にも成功を収めた。老齢なればこその政治力を発揮したのだ。蝦夷の側とて文句はなかった。その平穏に乗じて戦力を強化することができる。休戦条約が結ばれたわけではなかったが、ひさしぶりに双方とものんびりとした時間を過ごすことができた。

（高橋克彦著『火怨　北の燿星アテルイ』より）

桓武天皇は蝦夷制圧と平安京建設を国家の二大政策と定めていた。

これは日本という国の枠組みを自分の代で決定づけようという桓武天皇の強烈な意思の表れであった。

国の中心たる都を移動するには莫大な費用がかかる。

費用をどこから調達するかといえば税である。いつの時代も増税に賛成する民などいない。そこで桓武天皇は蝦夷の襲来があると民の危機感を煽った。奈良のような小さな都では不安だというキャンペーンを張った訳である。

新たな都の平安京では、蝦夷討伐を祈願して羅生門に兜跋毘沙門天《とばつびしゃもんてん》を安置した。羅生門《らしょうもん》は東北の方角に面した鬼門である。東北から蝦夷軍が攻めて来ないよう、巨大な兜跋毘沙門天を据えて都の守りとしたのである。

京の都は東北の脅威を意識して造られた都市だった。遠い東北に暮らす蝦夷は、都の民には実態が分からない。だから、いくらでも恐ろしい蛮族だと喧伝できる。とにかく獣のように凶暴な者たちだというイメージが都人に刷り込まれていった。

七八五年、温厚な大伴家持が陸奥で病死したことで、蝦夷との均衡が崩れていた。同じ頃、早良親王が兄の桓武天皇に謀反を起こしたが失敗。完全に権力を掌握した桓武天皇は、再び強攻策に転じたのだ。

蝦夷《えみし》と朝廷の三十年戦争

「陸奥按察使（紀広純）を討ったからには国を挙げての戦さの幕開けとなる。朝廷は万を超える兵を遣わして陸奥の鎮圧にかかろう。早速に東和や和賀、稗貫《ひえぬき》の長らと手を結び、一丸《いちがん》となって立ち向かわねば半年と保《も》たぬ。覚悟はできておろうな」

「望むところだ。蝦夷に生まれたのがおれの宿命。それに喜んで命を捧《ささ》げる。おれが死ぬまでは断じて蝦夷を負けさせせぬ」

「おれもおぬしに命を預けよう」

母礼《もれ》は馬上から阿弖流為《あてるい》に腕を伸ばした。阿弖流為はがっちりとそれを握った。

手を大きく振って消えて行く胆沢の兵らを眺めながら呰麻呂は嬉しさに包まれた。

〈あの者らが志《こころざし》を継いでくれる〉

＊　　＊　　＊

呰麻呂の胸は晴れ晴れとしていた。

今日からは思い悩むことがない。

矢は自分によって放たれた。

あとはただ祈り、見守るだけである。

新たに弓を握り、蝦夷の誇りを胸に秘めて空に矢を放つ者たちの戦さを、だ。

人とは……次の時代に繋がる橋を渡すために生まれてきたのだ。

今となって呰麻呂は理解した。

それを自分は果たした。

自分が架《か》けた橋を阿弖流為たちが渡って行くだろう。

（高橋克彦著『風の陣　裂心篇』より）

呰麻呂の反乱後、蝦夷《えみし》との戦いがあちこちで始まった。

蝦夷の中心にいたのは胆沢の長《おさ》・阿弖流為《あてるい》である。腹心の母礼《もれ》と共に、地の利を生かしてゲリラ戦術を展開。数でまさる朝廷軍を翻弄し続けた。

朝廷を悩ます蝦夷のリーダーにもかかわらず、阿弖流為についての記述が何故か『続日本紀』にはほとんど見られない。

二十八年間戦った相手の記述が少ないのは、逆に朝廷側がいかに負け続けていたかを証明している。自分たちの歴史に敗北を記録する訳にはいかないので、負けた部分はうまくぼかして書くことになる。

それでも数字は誤魔化せない。例えば、蝦夷を平定したと書きながら、蝦夷の首級二百に対して朝廷軍の戦死者八百と記す。これでは、どう考えても負け戦だ。

七八八年、征東大使を命じられた紀古佐美は、五万もの大軍を多賀城に集結させる。衣川まで進軍したものの、そこから先にはなかなか攻め込めない。

先鋒の四〇〇〇人に北上川を渡らせ、阿弖流為の本拠地・胆沢を

797年	坂上田村麻呂を征夷大将軍とする（2）
801年	征夷大将軍、坂上田村麻呂に節刀を賜う（2）
802年	坂上田村麻呂　胆沢《いさわ》柵（城）を構築（1） 阿弖流為《あてるい》・母礼ら500余人を率いて投降（4） 田村麻呂、阿弖流為・母礼の二人を従えて入京（7） 阿弖流為・母礼、河内国杜山《もりやま》（椙山《すぎやま》）で斬首される（8）
803年	坂上田村麻呂、志波城《しわじょう》を構築（3）

狙うが、挟み撃ちにあう。最終的には、戦って死んだ者二五人、矢に当たって死んだ者二四五人、川に身を投じ溺死した者一〇三六人、裸で泳ぎ帰った者一二五七人という壊滅的な敗北を被った。

これが有名な巣伏《すぶせ》の戦いである。

紀古佐美は朝廷に偽りの戦勝報告をしたが、結局は責任を問われて官位を剝奪されてしまう。

朝廷はこの大敗北にもかかわらず、七九一年には大伴弟麻呂《おおとものおとまろ》を征東大使に、副使の一人に坂上田村麻呂《さかのうえのたむらまろ》*を任命。だが、弟麻呂も結局は決定的な勝利を得られず、戦は膠着状態となる。

七九七年、蝦夷征伐の状況を打開するため、桓武天皇は田村麻呂を征夷大将軍に任命する。しかも陸奥国按察使、鎮守将軍、陸奥守を兼ねてだ。紀広純をしのぐ権限を与えたのは、蝦夷との戦さに今度こそ決着をつけようという、朝廷の並々ならぬ決意を示している。

八〇二年、田村麻呂は阿弖流為の本拠地・胆沢に進出し、そこに城を築いた。田村麻呂が征夷大将軍に任命されてからこの年まで、どのような戦いがあったのかを伝える史料はない。

朝廷軍を撃退し続けていたはずの阿弖流為は、どうして本拠地を明け渡したのか？

田村麻呂は軍隊だけでなく、沢山の僧を東北に連れて来ている。

---

*坂上田村麻呂
帝の信頼厚く、近衛府少将として間近に仕える。祖父から三代にわたる武者の家柄。七九七年、征夷大将軍に任命され、古代史上最大の軍を預かる。蝦夷の心を理解し、阿弖流為を対等の相手として対峙した

寺を建立し、仏教を広めるためだ。むろん、蝦夷は仏教徒ではなく、アラハバキ神を信仰している。恐らく田村麻呂は軍事力ではなく、文化の力で東北を懐柔していこうと考えたのではないか。

田村麻呂は四月の中旬に四万の兵を従えて山越えすると胆沢《いさわ》の柵《き》に入った。駐留していた兵と足せば五万を楽に超える。もっともその兵の大方は胆沢に新たな城を築くための要員だった。胆沢の柵は砦としては堅固であるが多賀城と変わらぬ規模の城とするには狭い。平野に広大な城を作って見せてこそ朝廷の力を示すことにもなる。それに、高い柵で囲んだ砦を建設する気もなかった。これからは蝦夷とできるだけ協調して行かなければならない。瓦屋根の豪壮な庁舎を拵《こしら》え、武力ではない力を見せてやるのも大事だ。寺や高い塔もやがては建てるつもりでいる。その心づもりで僧たちも同行させていた。これで阿弖流為らを平らげ、城作りに着手すれば蝦夷たちも戦さの終焉《しゅうえん》を実感するはずである。

（高橋克彦著『火怨　北の燿星アテルイ』より）

ついに阿弖流為《あてるい》は投降の決意を固め、使者を田村麻呂に送った。
長引く戦に東北は疲弊の極に達していた。いくら撃退しても、朝廷は次から次と新たな軍勢を送り込んでくる。戦にどう決着をつければ蝦夷に未来を残せるのか、リーダーとして阿弖流為は悩みに悩んだはずだ。田村麻呂が軍事一辺倒の人間ではないと知ったからこそ、降伏を決意したのだろう。

延暦二十一（八〇二）年四月十五日。阿弖流為は五百ほどの手勢を引き連れ正式に降伏した。五百という数はあまりに少ない。田村麻呂は十万の兵を従えている。とすれば阿弖流為にも二万から三万の兵がいなくてはおかしい。つまり阿弖流為は自分の命と引き替えに部下の兵の助命を田村麻呂に頼んだのではなかろうか。

阿弖流為と母礼《もれ》を伴って都へ戻った田村麻呂は二人の釈放を願い出たが、朝廷は処刑を命じた。阿弖流為と母礼を許さなかったのは、桓武天皇の親族でもある紀一族だろう。紀広純暗殺に端を発した戦で、征東大使の紀古佐美の軍を叩きのめした阿弖流為を、彼らは許せなかったに違いない。

阿弖流為《あてるい》と田村麻呂《たむらまろ》

『火怨』を書くに当たり、坂上田村麻呂《さかのうえのたむらまろ》をどう捉えるかが、私の中で大きな問題だった。

田村麻呂は東北人にとっての英雄・阿弖流為《あてるい》を滅ぼした人物だが、その一方で青森県のねぶた祭りは田村麻呂の功績を残すため始まったという伝承がある。

田村麻呂は東北六県に残る多くの古刹の創建に関わってもいる。蝦夷を制圧しつつ、田村麻呂は東北各地に寺を建てたのだ。ある意味で寺は有効な支配の拠点となる。国分寺が全国に建てられたのは、寺院建築がその時代の文化の最先端を示すものだったからだ。

縄文時代とさして変わらぬ家屋しかなかった東北に瓦屋根の三重塔が建てば、朝廷の威勢はそれだけで伝わる。国分寺を建てるのは、そうした支配側の意図によるものだった。

東北の人たちは、本来ならば敵であるはずの田村麻呂に、何故か親近感を抱いている。そのことを考えているうち、蝦夷《えみし》とアイヌの混同が理由だと気づいた。アイヌの人たちが暮らす北海道を蝦夷《えぞ》地と呼び始めたのは、江戸時代に入ってからだ。そのため蝦夷《えみし》＝アイヌという認識を持たれるようになり、坂上田村麻呂が戦ったのは蝦夷《えみし》ではなくアイヌだったという混同が生じたのだろう。

現在、東北にいるほとんどの人は、自分たちは田村麻呂と共に、あるいは田村麻呂以降に移住してきた者の末裔だと思い込んでいる節がある。それが田村麻呂への親しみにつながっているのではないか。

田村麻呂は都に戻ってから、自分の娘を天皇になりそうな人物に嫁がせ、外戚となって出世を果たした。武人ではなく、政治家として後半生を送ったのだ。

そうした側面から田村麻呂を掘り下げ、阿弖流為と完全に対立する相手のように描こうかと思ったこともある。

しかし、最後の最後に阿弖流為がわずか五百の手勢で投降したのは、田村麻呂に対するある種の信頼がないと成立しない。阿弖流為と田村麻呂の間には、深い心の結びつきがあったと私は思っている。

田村麻呂の父親の苅田麻呂《かりたまろ》は、陸奥守として短い期間だが多賀城に赴任したこともある。田村麻呂自身が相当に東北にシンパシーを持っていたことは充分考えられる。

子供の頃、学校で阿弖流為について教えられたことはなかった。

朝廷に反逆した大悪人として伝えられてきたため、東北人の中ですら阿弖流為より田村麻呂へ親近感を抱く人が多い。阿弖流為の伝説はたくさん残っているのに、我々東北人はそのことについて真剣に考えてこなかった。


「俺の言葉が聞こえるか!?」

阿弖流為は最後の力を振り絞って、恐らくは処刑を見届けているだろう民らに叫んだ。

「俺たちはなにも望んでおらぬ。ただそなたらとおなじ心を持つ者だと示したかっただけだ。蝦夷は獣にあらず。鬼でもない。子や親を愛し、花や風に喜ぶ……」

いくらも言いたいことはあった。だが、それ以上声が出てこない。阿弖流為ははじめて悔し涙を流した。蝦夷がなんであるのかきちんと伝えたい。

「蝦夷に生まれて……俺は幸せだった。蝦夷なればこそ俺は満足して果てられる」

阿弖流為の首に大きな鋸が当てられた。

「阿弖流為、あの世でも兄弟ぞ」

その母礼の叫びが阿弖流為のこの世で耳にした最後の言葉となった。


（高橋克彦著『火怨　北の燿星アテルイ』より）

田村麻呂が創建した京都清水寺の境内に、一九九四年、阿弖流為と母礼の顕彰碑が、岩手県のみならず全国の阿弖流為を敬愛する人々によって建立された。阿弖流為こそ東北最大の英雄だったと、誰もが認める日が来ることを願っている。

第二幕

失ったのは豊かな共同社会

阿弖流為《あてるい》処刑から二百数十年の時が流れた。
陸奥支配の野望を抱いた源頼義は、
蝦夷《えみし》の豪族・安倍氏を攻め滅ぼす(前九年の役)。
安倍の領地を奪った出羽の豪族・清原氏の後継者争いに勝ち抜き、
陸奥の覇者となったのは安倍ゆかりの藤原清衡《ふじわらのきよひら》だった(後三年の役)。

安倍氏とは

安倍氏がどういう経緯で蝦夷《えみし》の頭領となったのかほとんど史料がない。そのため安倍氏は、もともと東北に出自のある一族のように言われていた。

しかし、安倍貞任《あべのさだとう》の父親の安倍頼良《あべのよりよし》（のちに頼時《よりとき》と改名）は太夫《たゆう》だった。太夫とは朝廷側が与える呼び名で、五位の位だから内裏にも出入りできる。最下級ではあるが公家の一員なのだ。

このことから安倍氏は土着の人間ではなく、朝廷と何らかの関わりを持っていた一族だと考えられる。

安倍といえば、遙か以前に蝦夷征伐を行なった阿倍比羅夫《あべのひらふ》が連想される。

比羅夫は渡島《おしま》（現在の北海道南部）まで遠征している。東北に暮らす蝦夷の征伐ではなく、北海道のアイヌを朝廷に従わせようとしたのが比羅夫だった。

阿倍比羅夫の配下の中から、かなりの人数が東北に残った痕跡がある。比羅夫の命を受けて、東北統治を試みたのかもしれない。

東北に残った者らが、比羅夫の一員であることを示すため、阿倍（安倍）を名乗ったというのが私の仮説だ。

遣唐使の阿倍仲麻呂や陰陽師の安倍晴明なども、孝元天皇《こうげんてんのう》の皇子・大彦命《おおびこのみこと》の流れを汲む阿倍＝安倍一族から出てきた人々である。この阿倍＝安倍氏の系図に、東北の安倍氏はつながっているらしい。

その根拠として、大彦命を祀った神社が秋田や岩手の、特に安倍貞任たちが築いた砦の近くに多いことが挙げられる。

現在の奥州市や一関市の辺りにも、朝廷軍との戦いに備えて見張り台などを造った場所に、大彦命を祭神とする古四王神社《こしおうじんじゃ》がある。これらは阿倍比羅夫が秋田に来た頃、祖先の大彦命を祀るため創建したと言われている。

そうした神社が、安倍貞任たちの領地の奥六郡（現在の岩手県とほぼ重なる領域）に多いのは、彼ら自身も阿倍比羅夫とのつながりを意識していたからだろう。

もっと古くは長髄彦《ながすねひこ》との関わりである。

前にも述べ通り、長髄彦は出雲につながる一族で、現在の奈良の辺りを勢力圏としていた。だが、朝廷が近畿に踏み込んできたため、結果的に東北へ追いやられた。

長髄彦の姓は安日《あび》。その安日《あび》が阿倍《あべ》／安倍《あべ》になったのではないか。

長髄彦には富姫という妹がいて、饒速日命《にぎはやひのみこと》と結婚している。饒速日命に従っていたのが、鉄の技術を持っていた物部氏だ。安倍氏と物部氏の連携はその頃からすでに始まり、東北に追われてからも続いていたと考えられる。

安倍氏の出自を巡る説の中で、どれが正しいのかは、史料がないので判断しかねるところもある。ただ古四王神社の存在からしても、阿倍比羅夫の一族が東北に入り込んで支配権を確立したということは充分あり得る。朝廷側もそれが分かっていたから、安倍の頭領の頼良に太夫の位を授けたのだ。

安倍氏が比羅夫の系譜に連なるのであれば、安倍貞任と源氏の戦いは、いわゆる蝦夷と大和の戦いではなくなる。ただ私は、蝦夷というのは血筋ではなく、東北に生きる者としての心を持っているかどうかだと、今は思っている。

中央政権によって記された歴史では、阿弖流為《あてるい》以降、安倍頼良や息子の貞任が出てくるまで、東北はまったくの空白になっている。そのため安倍氏がいきなり歴史に登場してきたようなイメージを持つが、実際には阿弖流為の時代の直後から、安倍一族は着々と東北に根を張っていったのだろう。

安倍氏と物部氏の連携

奥六郡を手中にしていた安倍氏の財力は、物部氏との関係で築かれたと考えている。

聖徳太子《しょうとくたいし》の時代、蘇我氏と物部氏の対立があり、物部氏は政治の中心から追われてしまった。物部氏は正史でまともに扱われることがほとんどない。第一の要因は、物部氏が饒速日命《にぎはやひのみこと》に関連して登場しているせいだ。

饒速日命《にぎはやひのみこと》は『古事記』に登場するとはいえ、正史では架空の人物とされている。だから、それに従ってきたという伝説を持つ物部氏の家系を、荒唐無稽なものと遠ざけてしまうのだろう。

坂上田村麻呂の侵攻によってアラハバキは邪神とされ、ことごとく排除されてしまったのである。それまでは村の守り神として祀られていたものも多かったらしい。田村麻呂はアラハバキを破壊すると同時に、その土地に新たな寺院を建設し、二度と奥六郡に邪教がはびこらぬよう仏の加護を願った。いや、本当は神よりも、それを信仰する物部一族の復興を恐れたのだ。仏教に帰依した蘇我《そが》氏との争いに敗れた物部一族は、都を追われて、もともとの郷里である出羽に戻った。だが、蘇我の追及の手は厳しい。そこで出羽も捨て奥六郡に入った。陸奥のすべては物部の領土であったのだ。今は長髄彦《ながすねひこ》の血に連なる安倍の一族が奥六郡を纏めているが、物部の祖神であるニギハヤヒ命は、その長髄彦が信奉する神でもあった。物部とは、物の怪を扱う部。すなわち、霊や神を祀る役目を任されていた神官を意味している。そして、その神はニギハヤヒ命。神体が巨岩であるのは貞任も承知しているが、それ以上のこととなると神を信ぜぬ貞任には知るよしもなかった。安倍一族は朝廷との関わりから、表面上は仏の信仰に古くより切り替えている。それもあって物部の血を引く吉次*との同盟関係をひた隠しにしているのであった。物部は朝廷にとって最も恐れる敵なのである。

（高橋克彦著『炎立つ　北の埋み火』より）

蘇我氏と対立して畿内を追われるまで、物部氏は播磨《はりま》*などに自分たちの領土を持っていた。彼らが一番得意としたのは鉱山の開発と馬の飼育だった。

さらに物部のモノは物の怪、つまり神道に通じる。神社に馬が奉納されるのも、物部から始まっている。

神様が降りてくる磐座《いわくら》、というより鉄鉱石を見つけるのも物部の役目だ。もともと饒速日命を奉ずる出雲の民は、鉱山技術者の集団だった。

東北の神社や鉱山の多くには物部氏にまつわる伝承が残っている。安倍氏の伝説が残っている所もたいていは金山や鉄山に関係がある。安倍氏は物部氏と手を組むことによって、黄金や鉄を採取する手段を得たのだろう。

物部氏にとって、山が一番大事な場所だった。

金山、銅山、鉄山といった場所に彼らの技術者が派遣され、そこ

＊播磨
現在の兵庫県南部

＊吉次
金売吉次（次頁参照）

で集落を形成していく。岩手県でいうと、平泉の近くの鷲ノ巣金山（現・西和賀町）や、陸前高田市の玉山金山などがある。

伝説では、それらはすべて金売吉次が開発したとされている。恐らく金売吉次とは世襲の名前であって、何代にも渡って、その名前を継いだ者たちが鉱山を開いていったのだろう。

『炎立つ』を書いていた時、金売吉次は物部の一族だという仮説を立てたら、ＮＨＫが資料を探し出してくれた。安倍宗任《あべのむねとう》に従って九州に流された人物の末裔が今もいて、その家系図に金売吉次のルーツは物部氏だと記してあったのだ。

前九年の役の序章　鬼切部《おにきりべ》の戦い

八〇二年、阿弖流為《あてるい》と母礼《もれ》が田村麻呂に投降し、蝦夷征伐はひとまず朝廷の勝利のうちに終わる。その後、東北と朝廷の間には多少の緊張はあったとしても、平和な時代が長らく続いた。

陸奥守に任命された公家は、蝦夷と関わる気などなかった。多賀城には赴任するが、実際の統治は現地の豪族に任せて、税だけを搾取していたのが実態だった。

だが、新たに赴任した藤原登任《ふじわらのなりとう》が、それまでの蝦夷との関係を崩してしまう。

思えば永承四（一〇四九）年の冬に、すべてのことがはじまった。平将門《たいらのまさかど》の乱*が平定されて、およそ百十年。ここ陸奥《みちのく》に穏やかな月日が流れたというわけでもない。小規模な蝦夷《えみし》の反乱は、あたかも埋《うず》み火がくすぶるごとく出羽《でわ》や奥六郡《おくろくぐん》に勃発した。それでも、それらの戦さはいずれも数カ月を待たずに鎮められてきた。蝦夷には蝦夷をもって当たらせるという朝廷の政策が一応は功を奏していたのである。古くは坂上田村麻呂《さかのうえのたむらまろ》が滅ぼし、平将門すら抑えた朝廷にとって、もはや陸奥の脅威は有り得なかった。むしろ朝廷が警戒していたのは、平将門の乱以来、急速に力を蓄えはじめた平氏や源氏を筆頭とする武士団に対してであった。つい二十年前にも坂東で平忠常《たいらのただつね》が叛旗*を翻し、数年に及ぶ永い戦さを繰り広げたばかりだった。だが武士たちはその戦さを通じてさらに力を強めた。いかに武士たちを操るかが政治の課題となりつつあった。

＊平将門の乱
九三九年、平将門が常陸・下野・上野の国府を占領し、一時関東を支配下に置き、新皇に即位したが藤原秀郷《ふじわらのひでさと》・平貞盛《たいらのさだもり》に討たれた。古代末期の本格的反乱

＊平忠常が叛旗
一〇二八年から房総三カ国（上総《かずさ》・下総《しもうさ》・安房《あわ》）で起きた三年にわたる内乱

939年	平将門、自らを新皇と称する（12） 藤原純友、瀬戸内海で反乱を起こす（12）
940年	平貞盛・藤原秀郷ら将門を討つ（将門の乱平定）（2）
941年	小野好古・源経基ら、純友を討つ（純友の乱平定）（5）
1028年	平忠常の乱（6）

陸奥はしばし忘れ去られていた。

（高橋克彦著『炎立つ　北の埋み火』より）

東北では陸奥守の権威は絶対的だが、朝廷に戻ればたかだか五位くらいの低い官職に過ぎない。朝廷の基準からいえば、東北はその程度の階位の者を派遣する地でしかなかった。

藤原登任も朝廷では出世の見込みの薄い下級公家だった。たまたま陸奥守となり、予想以上の接待を安倍一族に受けたのだろう。そのため欲が膨らんで、安倍一族が許容できる以上のものを要求するようになったのが、前九年の役という戦乱の発端だったように思う。

前九年の役の前哨戦となったのは、一〇五一年の鬼切部《おにきりべ》の戦だった。『陸奥話記』*によれば、安倍頼良が、朝廷との境界線であった衣川の南にまで勢力を拡大し始めたので、藤原登任が兵を出したとされている。

実際に、この戦がどのように始まったのか、その詳細を記す史料はない。藤原登任は秋田城介・平繁成《たいらのしげなり》と連合して、数千の兵で安倍氏を攻めたが、山間の小さな盆地である鬼切部（現・宮城県大崎市）に誘い込まれ、大敗を喫した。安倍一族の軍事力は、多賀城の朝廷軍を上回っていたのだ。『今昔物語』*には、安倍頼良が北海道

＊『陸奥話記』
一〇六二年ごろ成った、前九年の役を書いた軍記物語

＊『今昔物語』
平安時代後期にできた日本最大の説話集。各説話初めに「今は昔」とあるのでこの名が付いた

から大陸に渡ったという挿話が記されている。このことから、安倍氏が相当手広く大陸と交易をしていたのがうかがえる。

交易の代価は金である。当時の日本では、仏像の鍍金のほか金の需要はなかった。都の貴族たちが金を欲したのは、単に宗教上からの要求だった。

交易では金に経済的な価値がある点を見落とした朝廷側は、安倍氏が莫大な富を蓄えていたのに気づかなかったのだ。

源頼義、陸奥守《むつのかみ》に

鬼切部での敗北は、直ちに都へ伝えられた。

だが、藤原登任《なりとう》の後任は、いつまで経っても赴任してこない。この時期、陸奥にあって内裏の情勢を把握していたのは、藤原登任の代理として多賀城に詰めている藤原経清《ふじわらのつねきよ》*だけだった。

経清は歴とした公家だが、いずれは安倍頼良の娘婿となる人物でもあり、蝦夷と朝廷の間の争いは望んでいない。新たな陸奥守と頼良の間で何とか和議を結ばせたいと焦っていただろう。

後任の陸奥守がなかなか決まらないのは、ここで間違った判断を

*藤原経清
奥州平泉藤原氏初代清衡の父。安倍頼良の娘と結婚、のちの清衡が生まれる

下せば取り返しがつかないと朝廷が考えていたからだ。藤原登任は責任を取って出家しており、朝廷も戦の原因が登任の挑発だったと分かっている。

朝廷の威信に関わるので、非がこちらにあると公式に認める訳にはいかない。力ずくで安倍を制圧できるなら問題はない。だが、敗北を喫したのは朝廷軍の方なのだ。正義は蝦夷にあって、勝利も蝦夷にある。下手に刺激すれば、朝廷の屋台骨を揺るがす結果となりかねない。

結局、歌だけ詠んでいる軟弱な公家ではつとまらぬだろうと、一〇五一年に武士集団の頭の源頼義《みなもとのよりよし》が陸奥守に任命される。朝廷としては陸奥の安定を願ってしたことだったが、源頼義は東北の広大な土地と馬を見て大きな野心を抱いた。

武家社会になるずっと前の時代だから、源氏といえども公家に頭を押さえつけられている。公家に負けない力をつけるためには、陸奥を支配地にすることが、自分たちの未来につながると源頼義は考えたのだ。

しかし頼義は動かなかった。

年があらたまって永承七（一〇五二）年を迎えると、軍の出動は、むしろ民からの要請に近いものに

清和源氏

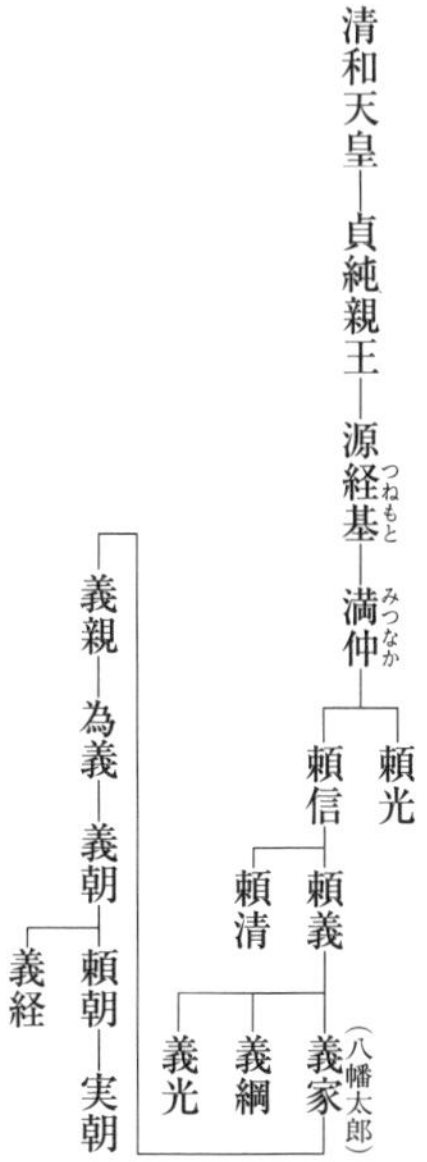

なりつつあった。早く陸奥を平定して貰わねば枕を高くして眠れない、という言葉が町のあちらこちらで交わされるようになった。

わずか三ヵ月ほど前には陸奥の情勢など民のほとんどが知らない状況だったはずなのに、信じられぬくらいの変化である。

＊　＊　＊

「獲物が大きければ大きいほど頼義の手柄も大きくなろう。そこは心得ている。直ぐに下向して俘囚を制圧したところで大した手柄にはならぬ。それに、頼義に任せられる兵士の数とて少ない。頼義も安倍の強さをある程度は承知しているはずだ。それでやり合って勝ちを収めたとしても、労多くして報われぬ結果となろう。内裏が鬼切部の戦さを曖昧《あいまい》にしたせいで都のだれもが俘囚の怖さを知らぬ。勝利するのが当たり前と思われる。頼義が公卿どもの番兵に甘んじているつもりならそれで構わぬだろうが、先を望む気であれば必ず策を練る。あの歳では二度とない好機と考えていよう。手柄を大きく見せるには敵を大きく見せるのが一番だ。末法の世に現れた恐るべき敵を打ち破ったとなれば、頼義の勇名は都中に広まる」

（高橋克彦著『炎立つ　燃える北天』より）


ところが、一〇五二年五月六日、上東門院藤原彰子（一条天皇中宮、道長の長女）の病気平癒のため行なわれた大赦で、安倍頼良は鬼切部の戦いの罪をあっさり許されてしまう。紛争中のあらゆる問題を不問とし、数年の間は一切の争いを禁ずるとの命令である。

殺生をしては病気平癒の祈願ができない。違反した者は身分にかかわらず罰するという内容だった。

当時、朝廷にとって東北は搾取する地ではあっても、全面的な戦をするほどのメリットがある所とは思われていなかった。源氏の野心については、安倍一族も当然分かっていたに違いない。だから新しい陸奥守を刺激しないように、安倍頼良は源頼義と同じ読みの名前を自ら頼時《よりとき》に変えるなど、ずっと平身低頭の姿勢を貫いていた。

陸奥守の任期は五年から六年。その任期が

1051年	陸奥守・藤原登任と秋田城介・平繁成、鬼切部で安倍頼良に敗れる 安倍頼良追討のため、源頼義、陸奥守に任ぜられる（前九年の役始まる）
1052年	上東門院藤原彰子病気平癒祈願の大赦布告（5） 安倍頼良、大赦により追討を免れ源頼義に服従、名を頼時と改める（5）
1053年	陸奥守・源頼義が鎮守府将軍を兼ねる
1056年	阿久利川《あくとかわ》事件起きる 源頼義、再度陸奥守に任命される（12）
1057年	安倍頼時、討死（7） 頼義、黄海の戦いで安倍貞任に惨敗（11） 貞任追討のため源斎頼を出羽守に任命（12）
1062年	安倍軍敗北、前九年の役終わる（9）
1063年	源頼義を伊予守、義家を出羽守、清原武則を鎮守府将軍に任命（2）

終わり、軍事貴族の源氏ではなく平和主義の公家が新たな陸奥守として来てくれれば、奥六郡の安定が保てると頼良（頼時）は我慢をしたのだろう。

頼義が仕掛けた阿久利川《あくとかわ》事件

源氏の側にしてみれば、どうしても東北を手に入れたい。だから、安倍氏を討つ口実が欲しかった。

改名までした安倍頼時の忍耐もあって表面上、安倍氏と源氏の間は友好関係が保たれていた。

一方、内裏より従五位を授けられた公家の藤原経清と、安倍頼時の娘の結婚の準備が進んでいた。陸奥守・源頼義の仲介で二人の婚儀が行なわれたのは、大赦から一年半後の天喜二（一〇五四）年である。

同じ年、源頼義の任期終了を祝い、胆沢の鎮守府で送別の大宴会が行なわれた。宴会が済んで、頼義が多賀城に帰る途中、阿久利川《あくとかわ》で大事件が起きた。

『陸奥話記』には、安倍頼時の次男・貞任が、源頼義の部下で権守藤原説貞《ごんのかみふじわらのときさだ》の娘との結婚を望んだが、娘の兄の光貞《みつさだ》は安倍氏の家格が低いとの理由で認めなかったと記されている。これが伏線だ。

胆沢から多賀城に戻る源頼義に随行していた藤原光貞と元貞の兄弟が阿久利川で襲われ、その兵馬が殺傷された。襲撃を指揮したのは安倍貞任であるとして、源頼義は頼時に厳しい処分を要求した。

安倍貞任が源頼義の部下の娘に横恋慕して、断られた腹いせに喧嘩をふっかけたということになっているが、そんな馬鹿げたことはあり得ない。明らかに源頼義が仕組んだ罠だ。わざと挑発して、事件の決着がつくまで任期を延ばそうと狙ったのだ。

安倍氏の反撃

安倍頼時は、このような理不尽が行なわれるのであれば、一族で決死の戦いをしても悔いはないと決意を表明した。源頼義に服従の姿勢を示してきた頼時だったが、ついに我慢の限界を超えたのだ。

安倍一族が戦えたのは、理が自分たちの側にあったからだ。

坂東*には源氏を支持する武士たちが沢山いた。だが、今回の一件は、どう考えても源氏のゴリ押しにしか見えなかったので、傘下の武士たちが集まらなかった。そのため多賀城の兵だけで、安倍氏の

＊坂東
現在の関東地方

軍事力に対応しなければならなくなる。

　朝廷も最初のうちは大戦にするつもりはなかったし、原因についても安倍一族に全面的な非があるとは見ていなかった。武士の台頭が始まっていた頃なので、朝廷が支援をして源氏の力を大きくするのは避けたい気持ちもあっただろう。

　源頼義は出羽の清原氏など土着の豪族の支援を得ようと目論んだがうまく運ばず、安倍氏と源氏の直接戦争の形になっていく。戦力は圧倒的に安倍氏が強かった。

　この段階で、源頼義の配下には安倍頼時の娘婿が二人いた。

　亘理権太夫《わたりのごんのたいふ》・藤原経清と伊具十郎・平永《たいらのなが》衡《ひら》で、二人の妻は姉妹である。いずれも東北に勢力圏を持つ武将で、朝廷の官職について

安倍氏

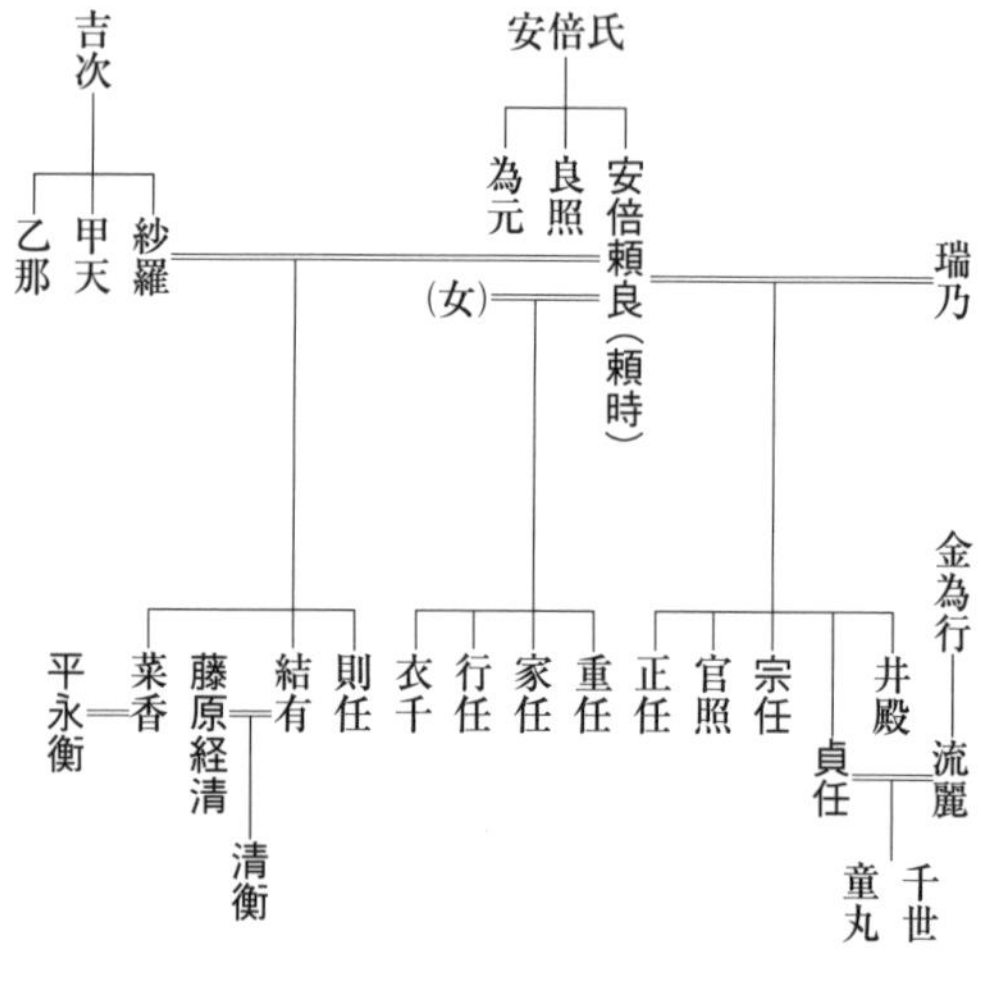

いたことから、源頼義に従っていたのだろう。

しかし、平永衡は安倍氏に陰で通じているとの讒言があり、真に受けた源頼義は即座に永衡を斬り捨てる。身の危険を感じた経清は、安倍頼時の陣営に走った。

「死ぬことが武士の忠義ではない」

経清は静かに笑って首を横に振った。

「武士とは心の持ち様だ。まずは子や親のために武士を貫く。その上に国への忠誠があろうが……俺は今の国を国と思わぬ」

経清が言うと兵たちは顔を見合わせた。

「国とは民の平和があってこそのものだ。だが、この陸奥《みちのく》に平和があるか？　奥六郡が悪いのではない。もともとは前任の陸奥守藤原登任さまが私欲のためにはじめた戦さ。それを承知しながら内裏はまたおなじ戦さをはじめておる。すべては奥六郡の黄金《きん》と馬や毛皮欲しさのためだ。その手先となって死ぬるは武士の本懐にあらず。国のために命を捨ててどうなる。まずは妻や子や親のために武士を貫くがよい。男として生き延びるのだ」

「経清さま！」

兵たちは感涙に咽《むせ》んだ。

「死を恐れぬそなたらを殺すわけには行かぬ」

「なにとぞ、なにとぞ」

先ほどの兵が経清の前に平伏した。

「国のためではありませぬ。手前は経清さまのために武士を貫きとうございます」

皆がいっせいに平伏した。

「俺となら死ぬと申すか」

経清も心の震えを感じた。この者たちなら本当に従って来てくれるかも知れない。

「ならば今日は一人も殺さぬ」

経清は覚悟を定めて言った。

「本陣の撤退を見届けたれば、我らはそのまま河崎の柵に入る。今日より敵は朝廷ぞ」

（高橋克彦著『炎立つ　燃える北天』より）


阿久利川の事件からほどなくして、朝廷は安倍頼時追討を命じ、続いて年末には源頼義が陸奥守に再任された。

源頼義は現在の岩手県北部から青森県東部を治める豪族を動かして、安倍氏の背後を脅かす作戦を取った。

これに対して出兵した安倍頼時は、流れ矢に当たり戦死してしまう。阿久利川の事件の翌年、一〇五七年のことだ。以後、安倍軍の総大将は息子の貞任がつとめる。

黄海《きのみ》の戦い

安倍貞任と源頼義が最初に対峙したのは一〇五七年の黄海《きのみ》の戦いだった。

『陸奥話記』に「精兵」と記された四千を率いて貞任が待ち受けているところに、源頼義は千八百で挑んだ。数で不利な上に、東北の冬に慣れていない頼義軍は、強い風雪に難儀しただけでなく、兵糧も十分ではなかった。

果てしなく広がる黄海の平原に兵を進めた源頼義は、後悔に襲われたに違いない。坂東の源氏は雪の恐ろしさを知らない。激しい吹雪に視界を遮られながら、兵も馬も疲弊していったろう。

黄海の戦いは源頼義軍の壊滅的敗北に終わる。

敗残の頼義に従ったのは、長男の義家など数名とされ、全軍で生き残ったのは二十人ほどだったという。

誇張のように思われているが、それだけの窮地に陥ったのだ。わずかな人数しか残らなかったというより、安倍氏の側が止めをあえて刺さなかったのではないか。さすがに陸奥守を手にかけてしまえば、取り返しがつかない。完膚なきまでに叩きのめし、これでもう奥六郡には介入するなと伝えれば十分だと思ったのだろう。

大敗を喫した源《みなもとのよりよし》頼義は早速その報告を内裏《だいり》に送った。だが、むろん敗因は自分の焦《あせ》りのせいであるとは記さない。すべては兵と兵糧《ひょうろう》の不足と出羽守《でわのかみ》源兼長《かねなが》の非協力にあると断《だん》じ、内裏による断固とした決意のなさがこの敗戦に繋《つな》がったと、逆に抗議を申し込んでいる。勝てる戦さをみすみす失ったと言わんばかりの強気の文書である。

安倍側が読めば笑止千万《しょうしせんばん》と言うことになろうが、頼義の言い分にも一理あった。内裏が本当に安倍を討伐する意思があれば兵も食糧も数倍は揃《そろ》えられたはずである。安倍が攻め込んで来ぬのを幸いに様子見をしていると言われても仕方ない。その姿勢が出羽守の非協力にも繋がる。頼義は各地から兵を徴用しようと試みたのであるが、その命令が届くと同時に多くの若者が出羽に逃れた。本来なれば出羽守がその者たちを捕らえて多賀城《たがじょう》に送り返さねばならない。それを怠《おこた》ったばかりか、出羽守はその必要なしと、むしろ庇《かば》う態度を取った。出羽守の真意は「安倍と戦う必要がない」と見ていたのであろう。明らかな反抗である。これも内裏の曖昧《あいまい》な態度がなせる業《わざ》と言ってもいい。この状況では確かにまともな戦さができようはずがなかった。

負けるのが当たり前である、と頼義は身内の弱体を罵《ののし》った。なんのための鎮守府将軍であるのか。逆らう部下がいては朝廷の威信など保てるわけがないのだ。

さすがに内裏もこの抗議には頷《うなず》いた。内裏は頼義の鎮守《ちんじゅ》府将軍と陸奥守《むつのかみ》の留任を認めると同時に源兼長の出羽守の解任を下知《げじ》し、後任として頼義の縁者である源斎頼《なりより》を送り込んで来た。

こうして頼義は巧みに責任を転嫁《てんか》させることに成功したわけだが、内裏もさすがに大敗を恐れてか、援軍派遣については見合わせた。

（高橋克彦著『炎立つ　空への炎』より）

朝廷には、国はどうあるべきかという大義が存在しない。だから朝廷の支配下では、それぞれが勝手に己《おのれ》の保身を図るしかない。公家が武士を恐れる理由もそこにある。

武士には国に仕える前に、忠誠を誓った主君がある。自分らに何の大義もないのを承知している公家にとって、それは脅威だった。主君の命令が国の命令を上回る可能性があるからだ。

頼義に援軍を送らないのもそのためである。

公家が恐れているのは、頼義のために死んでいく兵が何千といるという厳然たる事実だ。頼義の掲げる源氏の旗こそ、兵にとっての大義なのだ。そういう男がこれ以上の力を得れば、朝廷の存在が危うくなる。その気になれば、頼義が帝に成り代わることも有り得る。

頼義がそれに気付いていないのは、帝の国という幻に幻惑されているせいだ。見せかけの階位や官職に目を奪われ、自分の大きさを承知していないのだ。

安倍や物部は、とっくの昔に朝廷の支配する国が幻であると承知している。彼らには階位や官職は無縁だからだ。国から外れた彼らにこそ理想と自由がある。

公家であった藤原経清が、安倍のため最後まで戦ったのも、実はその理想と自由に惹かれたためだったのではないか。

清原氏の参戦

黄海の戦い以降、安倍氏は衣川以南にも勢力を拡大した。

頼義の陸奥守の二期目の任期が切れる一〇六二年になっても、安倍優位の状況は続いていた。

朝廷が次の陸奥守として高階経重《たかしなのつねしげ》を赴任させたが、多賀城の者たちは頼義にしか従わなかったので、仕方なく都へ戻ったと『陸奥話記』は伝えている。

安倍軍に対する劣勢の打開策として源頼義が目をつけたのが、出羽の清原氏だった。清原氏はもともと秋田と山形辺りの土着の豪族である。

阿倍比羅夫が日本海側を北上して北海道まで行ったとされるように、その辺りは古くから朝廷の勢力が浸透していたと思われる。

三陸が面した太平洋と違って、日本海は穏やかな内海なので、のちに北前船が航路を開いたように、古代にも行き来がかなりあったろう。陸奥における清原の勢力は安倍と拮抗しており、互いに複雑な姻戚関係で結ばれてもいる。

清原の助けなくして現状を打開できないと、源頼義は執拗に参戦の説得を続けた。

黄海の戦いから五年を経た康平《こうへい》五（一〇六二）年夏、ついに清原武則が一万余りの軍勢を率いて頼義軍に加わった。

決戦の火蓋が切って落とされたのは同年（一〇六二）八月十七日のことだった。この時、頼義軍には多賀城にいた朝廷傘下の兵のほかに、「坂東の精兵」とされる武将が多数参戦していた。

まず小松柵を落とした頼義・武則軍は、急襲してきた安倍貞任軍を撃退。安倍軍は衣川《ころもがわ》の関《せき》まで撤退することになった。『陸奥話記』は、武則が全軍を鼓舞し、安倍氏追撃の手を緩めずに衣川の関を攻め、さらに安倍氏を追い詰めていったと記している。

衣川の関は安倍氏の支配する奥六郡の最南端にあり、長く朝廷勢力との境界の要所であった。北は急峻な絶壁、東は衣川の本流に守られており、難攻不落の要塞として知られていた。その衣川関を、清原軍は三方から攻め、安倍軍を敗走させたのである。

この時、源頼義の長男・八幡太郎義家が、逃れようとする貞任に「衣の館はほころびにけり」

と呼びかけると、「年を経し糸の乱れの苦しさに」と上の句を返したという説話が『古今著聞集』にある。

衣川の関をあっさりと敵の手に渡したのは、安倍貞任の策だと私は見ている。決戦を避けて敵を北へ北へと誘い込み、疲れ切ったところを厨川《くりやかわ》の柵で迎え撃とうという作戦だったのだろう。そう考えないと、難攻不落の衣川の関が、あれほどたやすく陥落するはずがない。

実際、衣川の柵で敗れて以降、安倍の柵は次々と撃破され続けている。敵はまず白鳥の柵を攻め落とし、続いて貞任の弟の宗任の居城、鳥海の柵を襲った。

既に安倍軍は鳥海を撤退していた。恐らく厨川の柵までの誘い込みが目的の、見せかけの撤退であろう。

それでも戦さをせずに鳥海の柵を落としたことで、源氏・清原連合軍の士気は上がった。厨川の柵までの途中には、黒沢尻、鶴脛、比与鳥と、三つの柵が立ちはだかっている。連合軍はそれらも難無く討ち破った。

厨川《くりやかわ》の柵の陥落

安倍貞任は策に溺れてしまったのだと思う。

厨川《くりやかわ》の柵まで誘い込むつもりだったら、いっそ下手に応戦をせず、ただ黙って厨川までの道を開けておけばいい。そうすれば、これは安倍の罠ではないか、と頼義に不安を与えることができただろう。各地の柵で多少の抵抗をして見せたのが仇となった。源氏と清原の兵は、相次ぐ勝利で大いに士気を高めた。それまで抱いていた安倍の軍事力に対する恐れが消えたのだ。

それ以上に重要な点は、黄海の戦いで受けた恥辱を、頼義が完全に払拭できたことだ。最前線の重要拠点・衣川の関を破り、奥六郡の最後の拠点・厨川の柵まで攻め入ったので、頼義の面目は充分に立った。仮に厨川の柵を落とせなかったとしても、もはや恥とはならない。さすがに朝廷は援軍を約束するだろう。

撤退しても次があるという余裕が頼義にはあった。厨川の柵を決戦の場と定めたのが、貞任の大きな誤算だったのだ。

厨川の柵は西北に大きな沢、東南に切り立った崖、その崖の下には川が流れていたと伝えられる。その地形を利用して高い櫓を設け、あるいは空濠に刀を逆さに立てるなど、万全の防衛体制が整えられていた。

こうした備えに苦戦を強いられた源頼義・清原武則の連合軍は、河岸や空濠に燃えやすい萱や稲藁などを積み上げ、火攻めにした。小松柵の敗北から一カ月余り、現在の暦でいえば十月の下旬。既に東北の山野は冬枯れの時期である。

勢い良く燃え盛る炎に厨川の柵は落城寸前となったが、そうした中から反撃に出る安倍軍の猛者たちがいて、逆に攻撃側を怯ませた。そこで清原武則は包囲の一部を解いて、敵を逃れさせる作戦に出た。雪崩を打って厨川柵から逃げ出したところを追い詰め、安倍軍を全滅させたのだ。深手を負って捕らえられた貞任は、頼義の前に引き出され、間もなく息を引き取ったとされる。最も凄惨な処刑の対象となったのは、藤原経清だった。安倍頼時の娘婿の経清は、前述した通り、初めは頼義の傘下にあったが、安倍頼時側へ離反している。さらに黄海の戦いの後、衣川以南の地域で朝廷に納めるべき租税を、安倍氏の財源として徴収する役目も果たしている。

＊　＊　＊

頼義は迷っている様子に見えた。

「貞任を誅《ちゅう》した今となっては、そちの首をわざわざ刎ねるまでもない。場合によっては命を救わぬでもないぞ。そちを仇敵と恨み続けて参ったが……そちの気持とて分からぬでもない。永衡に詰め腹切らせたは儂の過ち。互いに恨みを忘れて手を組むと申すなら……儂の配下に戻る気はないか？　伜もそちを高く買っておる。悪いようにはせぬ」

「獣に仕えては武士の名折れにござる」

「首を刎ねられよ。もはや未練はなし」

「おのれっ、よくも言うたな！」

頼義は激怒した。これほどの屈辱ははじめてであった。しかも清原の前でだ。頼義は腰の刀を抜くと経清の首に当てた。

「うぬは儂の下にありながら賊に走った者ではないか！　獣とはうぬのことじゃ。さかしらに武士などとほざくでない。この儂が成敗してくれる」

頼義は刀を振りかぶった。

が、頼義は思い止まった。

「獣を斬っては刀の錆となる。だれぞ不用となった刀を取って参れ！」

頼義は兵に怒鳴った。

直ぐに刀が運ばれた。頼義は抜くと刀身を確かめた。刃がぼろぼろに欠けている。それでも足りぬと見た頼義は川原の石に刀をぶつけて、さらに欠いた。刀と言うよりも鋸に近くなった。

頼義は薄笑いを浮かべた。

「うぬへの恨みはこれでも済まぬ。一刀では首を落とさぬぞ。鋸引きにしてじわじわとその首、落としてくれよう。覚悟いたせ」

（高橋克彦著『炎立つ　空への炎』より）

頼義は旧主の自分に背いた罪は重いとして、鈍刀で経清の首をじわじわと斬り落とさせた。その間、経清は一言も発しなかったと伝えられる。

貞任の息子で、十三歳にして参戦して武勇を発揮した千世童丸も処刑され、安倍氏は奥六郡から葬り去られた。

一度は厨川の柵より抜け出た貞任の弟の宗任たちも、女子供が人質になったと聞き、連合軍に投降した。死を覚悟しての投降だったが、意外にも頼義は宗任らの処断を朝廷に委ねた。

貞任と経清を葬って安倍は滅びたと安心したのではなく、頼義はその先を見越していたのだと思う。安倍の領土を源氏が引き継ぐとなれば、蝦夷の民の怨みの念をやわらげておく必要がある。宗任らの処分を朝廷に委ねれば、直接怨まれることはない。

その結果、宗任《むねとう》、正任《まさとう》、家任《いえとう》、則任《のりとう》ら兄弟だけでなく、安倍の主立った者たちは罪一等を減じられ、伊予*への島流しと決まった。朝廷と正面切って戦った十二年の歳月を考えると、驚くほどの寛大さと言える。

直後に朝廷が発した論功行賞を見れば理由が分かる。源頼義の位は確かに引き上げられたが、陸奥守は解任され、捕虜の監視という名目で伊予守への就任を勧められたのである。

一方、清原武則には、安倍の領地だけでなく、胆沢《いさわ》鎮守府将軍の地位まで与えられた。

*伊予
現在の愛媛県

戦で最も活躍した義家は出羽守に任命された。出羽守は鎮守府将軍の下にある。清原と源氏の上下関係が、それで完全に逆転してしまった。

明らかに源氏の台頭を恐れての人事である。頼義を陸奥守にしたままでは、いずれ東北を乗っ取られると恐れたのだ。

だからわざと安倍の者らを伊予に流し、その監視という理由で頼義を陸奥から引き離した。清原武則を鎮守府将軍に任命したのは、清原を朝廷に取り込むための策だろう。

いかにも公家らしい権謀術数に長けたやり方だ。これで源氏の野望は完全に断たれた。頼義は仕方なく命に従ったが、義家は出羽守の任官を拒否した。清原の下で出羽守を務めては、源氏の棟梁として全国の武士たちに示しがつかなくなるからだ。

こうして前九年の役が終わった時、得をしたのは清原武則《きよはらのたけのり》一人だけだった。朝廷は頼義が抵抗をしないのを見定めた上で、宗任《むねとう》ら安倍の捕虜を都からさらに遠くの筑前*へと移送した。

このことからも伊予への遠流は、頼義の野心を封じるのが目的であったと分かる。

蝦夷《えみし》から見た前九年の役

前九年の役で安倍氏が滅んだように見えるが、実はそうではない。

＊筑前
現在の福岡県北西部

確かに安倍貞任《あべのさだとう》と藤原経清《ふじわらのつねきよ》は厨川の柵で死んでいる。だが、その後、源氏に味方した清原武則《きよはらのたけのり》の息子の武貞《たけさだ》は、藤原経清の妻、つまり安倍頼時の娘を正室に迎え、連れ子の清衡も引き取っている。敵方の女性は戦利品と同じだという当時の考え方からすると、普通は正室になどしない。その理由として、安倍頼時の妻が物部氏の出身だったからではないか、と私は『炎立つ』に書いた。

物部は製鉄と馬の飼育を得意とする一族だ。安倍の豊かな財力も、物部との提携があればこそだ。清原にとっても、そのつながりは非常に大事だから、物部の血を引く頼時の娘を正室にしたのだろう。

それに、清原氏と安倍氏との間には、長年にわたる複雑な姻戚関係がある。清原氏としては、安倍氏があまりにも大きくなり過ぎて、いつか滅ぼされてしまうのではないかという恐れから、源氏の誘いに乗ったのだ。

安倍を討ち破ったものの、本来は憎い敵という訳ではなかった。だからこそ経清の夫人を正室に迎え、経清の子である清衡を養子にすることまでした。

そうでなければ、後に経清の姓である藤原を名乗った清衡が奥六郡の支配者になっていく時、いかに義家のバックアップがあったとしても、清原一族がすんなりと認めるはずがない。

中央の史観から見ると、敵なのにどうして清衡を養子にしたのか疑問だろう。だが、蝦夷の視点で見ると、清原も安倍も同じ蝦夷の一族だということだ。

その同じ一族を、源氏が巧妙に二つに割ったと考えたほうが、前九年・後三年の役の実態が見えてくる。清原氏と安倍氏が出羽と奥六郡で互いに肩を並べ、姻戚関係も結んでバランスを取っていたところに源氏が踏み込んできたという構図なのではないか。

厨川の柵での勝利の後、清原武則《たけのり》は従五位下鎮守府将軍に任命された。鎮守府将軍に東北土着の豪族を採用した例はなく、朝廷がいかに武則の功績を高く評価したかを物語っている。

こうして武則は、もともとの勢力圏であった出羽に加え、安倍氏が治めていた奥六郡も手にする。

清原氏の三兄弟

藤原経清と安倍頼時の娘の間に生まれ、清原武貞（のち貞衡と改名）の養子となった清衡は人質のような境遇で成長したのだと、私

清原氏・安倍氏系図

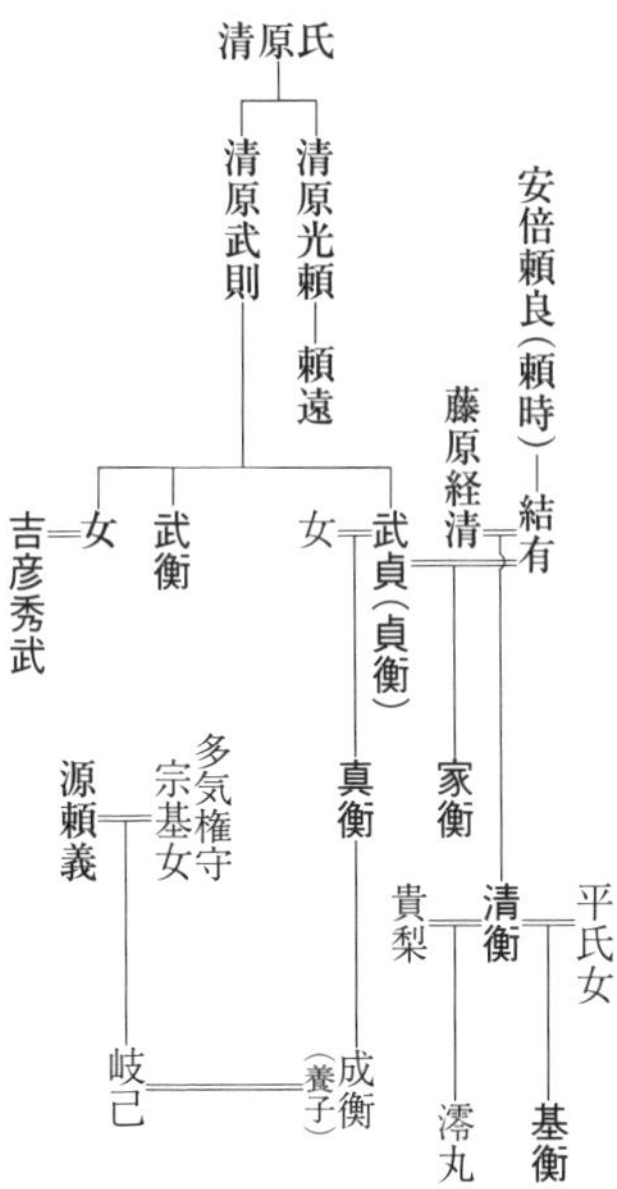

はずっと思っていた。
ある時、そうした見方には中央史観が入っていたのではないかと気がついた。勝った側が敵側の女を自分の物にして、連れ子を冷遇しただろうというのは、中央史観でしかない。武貞は安倍氏に対する同族意識があり、むしろ同情の気持ちを持った上で、経清の妻と子供の清衡《きよひら》を引き取ったとすると、少なくとも人質扱いはしないだろう。そもそも人質扱いされていたならば、清原氏の行く末をどうするのかが考慮される中で、成人の清衡が後継者の一人として残っているはずはない。

「もうそなたは子供ではない。清衡と名乗ったからには安倍の志を継ぐのです。心をひた隠し、この館の中で戦さをせねばならぬ。いずれそなたが力を得るときがやって来ます。そのときをひたすら待ちなされ。それまで生き延びることこそ、そなたと私の戦さぞ。なにがあっても耐えるのじゃ。清衡と名乗るたびに、亡くなられたお二人のことを思い浮かべるがよい」

1083年	陸奥守・源義家、清原一族の争いに介入し、清原真衡を助け、清衡・家衡らと戦う（後三年の役始まる） 清原真衡、急死（9）
1086年	清原家衡・武衡と清衡が戦い義家は清衡を支援 白河院政の開始（11） 清衡・義家軍、沼柵で家衡・武衡軍に敗北（冬）
1087年	清衡・義家軍、出羽金沢柵で家衡・武衡軍を殲滅（後三年の役終わる）（冬）

「母さま！」

清衡は溢れる涙を甲で拭った。結有も涙を零した。清衡は結有の手を取った。

「私は母さまを誇りに思いまする。その一言だけで死んでも構いませぬ。お父上もあの世でお喜びになっていましょう」

「そなたこそ……私の誇り」

結有は大きく頷いた。

「その歳でよくぞ志を曲げずにいてくれた」

「迷いが消え申した。明日よりは清原の子として働きまする。母さまだけに辛い思いはさせませぬ。その日の来るまで耐えて見せます」


（高橋克彦著『炎立つ　冥き稲妻』より）

後三年の役は、絵に描いたように三者三様の利害の対立から発生した。


（武則の嫡男）清原貞衡《きよはらのさだひら》が鎮守府《ちんじゅふ》将軍を任じられて早くも十六年が経過した。陸奥《みちのく》の平穏とともに貞衡の鎮守府将軍職は数年も経ずして解かれたが、前《さき》の将軍という栄誉は揺るがせない。

貞衡は出羽《でわ》と奥六郡《おくろくぐん》を一つに纏《まと》める巨星として都にまで名を轟かせる存在となった。

が、その貞衡とて病魔には勝てない。永保《えいほう》三（一〇八三）年の正月は、不本意にも床に就いたまま迎えることとなった。貞衡、六十二歳。決して若いとは言えないが、去年の暮れまで身体壮健であっただけに、突然の発熱は清原の一族を不安にさせていた。

鎮守府将軍となった日より居を移した胆沢《いさわ》の館には、年賀の挨拶ならぬ見舞いの客が絶えぬ日々が続いていた。もちろん一族に連なる者が大半であったが、陸奥守《むつのかみ》橘為仲《たちばなのためなか》の名代《みょうだい》や陸奥の郡司たちも多く駆け付けた。

貞衡の跡を継ぐ者は嫡男の真衡《さねひら》と十数年も前より定められており、実際真衡は貞衡を補佐する形でこの十年以上を纏めて来た。その意味では貞衡が倒れたとて清原の体制に影響を及ぼすことがない。ただ、問題は真衡に実子のないことであった。二十歳前後の独身であるなら心配もなかろうが、真衡はすでに三十五。正妻の他に側室を三人も抱える身で子に恵まれないのは、原因が真衡にあるとしか考えられない。真衡に次ぐ者がだれになるのか……まだまだ先のこととしてだれもが追いやっていた問題が貞衡の発病によって表面に急浮上して来たのである。

その鍵を握るのが当の貞衡だった。遺言にだれの名を挙げるかで清原の今後が決まる。真衡の弟二人が、真衡と同じ血を分け合っているのならなにも面倒ではない。しかし、現実は複雑であった。清衡《きよひら》は清原と無縁の血筋であるばかりか、かつては仇敵の安倍《あべ》一族と藤原経清《ふじわらのつねきよ》の血を引いている。その弟の家衡《いえひら》は貞衡の血を引き、真衡と腹違いの兄弟に相違なくても、肝腎の母親が安倍頼時《よりとき》の娘なのである。つまりは安倍の直系でもあるのだ。

まさか清衡が真衡の跡に指名されることはあるまい、と一族のだれもが安心していたものの、家衡となっても素直に喜ぶことはできない。特に安倍と戦った長老たちはそれを臆面もなく口にしていた。となると残るは清原一族の中から選ばれる可能性だ。清原の総本家だった光頼《みちより》の血筋も細々とはいえ出羽に続いている。そこに戻すのが順当ではないか、という意見が長老たちの趨勢を占めていた。

もし、それを曖昧《あいまい》にしたままで貞衡が亡くなれば、新たな亀裂を清原に生じかねない。

貞衡の突然の発熱は将来への不安を一挙に噴き出す結果となってしまったのである。

（高橋克彦著『炎立つ　冥き稲妻』より）

貞衡《さだひら》は真衡《さねひら》の跡目を告げることなく病死した。

貞衡が生きているうちに兵を挙げれば、真衡だけでなく、父親は異なるが、母親を同じくする弟の家衡とも戦わなくてはならなくなる。清衡は、それを避けようとしていた。貞衡さえ死ねば家衡と同調して真衡と対抗することもできる。そう信じて耐え続けた。貞衡への恩義などではない。それほど俺は甘くない。と思いたいのだが……やはりどこかに貞衡への遠慮があったに相違ない。貞衡という枷《かせ》さえ外れれば後は自由の身だ。遠慮なしに振舞える。

（高橋克彦著『炎立つ　冥き稲妻』より）

清原氏の直系の真衡《さねひら》と、安倍氏と清原氏の二つの血を分け持っている家衡《いえひら》、安倍氏直系の清衡《きよひら》。歴史の偶然とはいえ、よくぞこのような三人が同時期に存在したものだと思う。前九年の役で東北の土着勢力として成功を収めたものの、清原武貞（貞衡）の死後、この複雑な兄弟関係が清原一族を巻き込んだ後継争いとなった。

真衡は跡継ぎを定めるために、養子を得た。

普通に考えると、異母弟（武貞と経清の妻、つまり清衡の母との間に生まれた弟）の家衡を自分の養子に迎えて後継者にするだろう。

しかし、ここで真衡は凄い人物だと思うのは、あえて平氏の血筋と源氏の血筋を引く夫婦養子を迎えたことだ。真衡が生き長らえていたら、本当の東北の支配者になったのではないか。蝦夷から抜け出る道を、真衡はこの夫婦養子に見いだしたのだろう。

蝦夷の血が流れていない、平氏につながる平成衡《たいらのなりひら》と、源頼義の娘とされる女性の夫婦であれば、ルーツを辿っていくと天皇につながる系譜だ。その夫婦養子の子どもは、もはや蝦夷ではない。東北を支配している清原氏の直系を、蝦夷ではなく、天皇の血を引く者にしてしまおうという構想が、真衡にはあったのではないか。

家衡、清衡に家督をやりたくないのではなく、朝廷の勢力に対して東北をどう生かしていくのか、将来を考えた上での選択だったのではないかと考えられる。


安倍を滅ぼした清原といえども内裏から見れば俘囚《ふしゅう》に変わりがない。その糸を断ち切るには別の血筋を中心に据えるしかないのだ。平氏と源氏なら、ともに帝の血を受け継いでいる。その間に生まれる子はもはや俘囚では有り得ない。その子が生まれた時点で真衡は祖父としてさらに力を強大にできる。また、家臣から俘囚色を一掃できれば奥六郡は陸奥と同様に守の置かれる国に昇格されるかも知れない。真衡は陸奥守と同格となり、参内《さんだい》すら許される身分となる可能性さえ出てくる。

「奥六郡の和平を願うてのことではないのでございまするな」

それを乙那から聞かされて清衡は訊ねた。

「結果としてそうならぬとは言えぬ。内裏に奥六郡が完全に取り込まれてしまえば、もはや陸奥に大戦さは起きぬ理屈。だが、真衡どのにあるのは己れの栄達だけであろう」

（高橋克彦著『炎立つ　冥き稲妻』より）

これに対して異を唱えたのが吉彦秀武《きみこのひでたけ》という人物だった。彼は真衡の父親である武貞の妹を嫁とし、武貞の父親とは従兄弟の関係にある。いってみれば、清原氏の大長老だ。だが直系ではないから、吉彦秀武が清原氏を継ぐことはできない。また、朝廷における公家の藤原氏のように、フィクサーとして生きる道もなかった。だからこそ吉彦秀武は、ある時、真衡の野望を嗅ぎ付けて、清原氏や吉彦氏そのものが東北で無意味な家系になっていくことを予測し、あえて家衡を立ててきたのではないか。清衡でもよかったのだろうが、安倍一族が形としては滅んでいるので、ほかの清原から同調してもらえないという懸念があったのだろう。

「実の弟にさえ跡を継がせる気のない男だ。一族のことなど気に掛けておるまい。幼き頃より真衡は清原の中心にあった。祖父と父の二人が鎮守府将軍に任じられておるのだぞ。一族と申したところで、真衡にとっては家臣としか映っておらぬ。清原の一族が追いやられ、代わりに平氏と源氏の者らが重臣となっても真衡には一緒だ。あるいは……それこそが真衡の本当の望みかも知れぬ」

（高橋克彦著『炎立つ　冥き稲妻』より）

後三年の役

ことの始まりは、真衡《さねひら》が養子とした成衡《なりひら》の婚礼の席だった。吉彦秀武《きみこひでたけ》は祝いの品として朱塗りの盆に金を積んで参上したが、これを真衡は完全に無視した。お抱え祈禱師と碁を打つのに夢中になっていたためとされるが、激怒した秀武は祝いの品を投げ出して出羽の本拠に引き揚げた。後からこの顚末を聞いた真衡がこれまた激怒し、秀武の討伐に動いた。

こうして一〇八三年に後三年の役が始まった。秀武は真衡との関係がよくない清衡と家衡に加勢を求めた。二人は出羽に出陣した真衡の留守館を襲おうとしたが、その動きを察知した真衡が引き返してきたため不発に終わった。そこへ、源頼義の長男・義家《よしいえ》が陸奥守として赴任してくる。

源義家が名取の軍団千五百を率いて多賀城に到着したのは同じ年の九月。

早速、真衡は義家に清衡らの非道を訴えた。人質に義家の妹が捕られているのだから、救援は当然だと思っていたことだろう。

奥州への野心を持つ源氏の義家は真衡支持に回り、「戦いか服従か」と清衡らに最後通告する。これに対し、清衡は戦うべき時ではないという判断から和睦に応じる。その一方で、出羽の秀武討伐に再度向かう途上で、真衡は病気で急死してしまう。

真衡の死後、清衡と家衡に真衡の遺領が分配された。

「胆沢、江刺、和賀の三郡は清衡どの。残りの稗貫、紫波《しわ》、岩手を家衡どのに」

三郡ずつ均等と言うが、それではあまりに差がつき過ぎる。ことに胆沢は清原が安倍を滅ぼした後に本拠地として来た土地である。ばかりか国府の管轄するこの胆沢城があるからには、奥六郡の中心とだれしもが見做している。奥六郡を纏める者は胆沢を制する者であった。

＊　＊　＊

＊　＊　＊

真衡《さねひら》が死に、奥六郡《おくろくぐん》が清衡《きよひら》と家衡《いえひら》に折半されてから三年目に入る応徳《おうとく》三（一〇八六）年の春。清衡は義家《よしいえ》より召喚《しょうかん》されて多賀城に向かった。清衡に従う者は百名。堂々とした隊列である。多賀城の城下には二年ほど前に建てた清衡の滞在する広大な館まであった。そこにも常駐の兵が五十ばかり抱えられている。数年前とは比較にならぬ立場に清衡は位置していた。

今や清衡に面と向かって安倍《あべ》がどうのと口にする者はいない。一人一人では歯が立たぬほど清衡の力は増大していたのである。

それだけに清衡は案じていた。このまま行けば清衡の世となる恐れを出羽《でわ》の清原一族たちは必ず感じているに違いない。

（高橋克彦著『炎立つ　冥き稲妻』より）

清衡が心配した通り、家衡は出羽の清原と密かに連絡を取り合っていた。安倍と清原の両方の血を受け継ぐ家衡は、自分こそ陸奥の支配者になるべき男だと自負していたに違いない。

源氏の参戦

自分に分配された領地を不満としていた家衡《いえひら》が清衡《きよひら》の命を狙った。清衡の館を襲い、火を放ったのだ。妻子が犠牲になったものの、本人は逃れて無事だった。清衡は、かつて真衡《さねひら》の側に立って自分を追い込んだ源義家に支援を求める。

これを源氏にとって東北支配の好機とみなした義家は、家衡の本拠である沼《ぬま》の柵《さく》に向けて兵を進めた。

源義家《みなもとのよしいえ》と清衡の連合軍は、家衡を追って出羽《でわ》への進軍を開始した。家衡は山北《せんぼく》平野の奥に位置する沼の柵に一万三千の兵と共に籠もっていた。

沼の柵は堅固な要塞だった。源氏の軍勢はまたも東北の冬に苦しめられる。兵糧も尽き、飢えと寒さで兵士たちが次々に死ぬ有り様だった。かつての黄海の負け戦が思い出された。とうとう義家が撤退し、改めて出陣を準備している時に、弟の義光《よしみつ》が助っ人に駆けつけてくる。

秋の刈り入れに合わせて清衡はふたたび義家の軍と合流して出羽に向かった。

予想通り内裏は追討令を出さなかった。

が、連合軍の兵力は二万を遥かに超えていた。坂東の武者たちが一万近くも義家の傘下に加わったのである。内裏の許しがないのに坂東から兵が集まったについては歴然とした理由があったのである。この夏に義家の危機を知った弟の義光が内裏の制止を振り切って援護に駆け付けてくれたのだ。義光は内裏で兵衛尉《ひょうえのじょう》の役職にあった。言わば国の治安の第一線を預かる武士。それが義家に加わるということは追討令を得たのとおなじ効力を発した。義光の率いて来た兵はわずか三百騎であったが、その情報が伝わると、坂東の武者たちは競うがごとく参戦を表明し、たちまちそれが一万にも膨れ上がったのである。

（高橋克彦著『炎立つ　冥き稲妻』より）

家衡の側には貞衡《さだひら》（武貞《たけさだ》）の弟で、家衡《いえひら》にとって叔父にあたる清原武衡《きよはらのたけひら》が参戦した。家衡は喜んだ。さすがに自分の実力ではなく雪に助けられたのが分かっていたからだ。義家と清衡との再度の戦いに武衡の助力は欠かせない。武衡は自分の居城である金沢の柵へ全軍を移すよう家衡に勧めた。金沢の柵は清原の本拠とも言える要害で、二万以上の兵が籠ることができる。だが沼の柵を離れて、より堅固な金沢の柵に入ったと知った義家は作戦を変える。兵の消耗を恐れ徹底的な包囲戦術に変更したのである。一方の清衡側には吉彦秀武《きみこひでたけ》が新たに加わった。

中立を保っていた秀武は家衡の籠る金沢の柵が落ちると見抜いた末に、恥も外聞も捨てて義家の援助を申し込んで来たのであった。

「そこもととは不思議な縁であるな」

皮肉混じりに義家は笑った。

「手前は真衡どのに弓を向けた者、本来なれば生きてはおれぬ身。それを許してくだされたは義家どのにござる。恩義に報わずして死ぬわけには参りませぬでな。命惜しみするほどの歳にはござらぬ。義家どのの盾にでもお使いくだされや。それこそ本望と申すもの」

しれっとした物言いに義家は鼻白んだ。情勢次第では家衡にもおなじことを言ったであろう。それを充分承知の義家だったが、秀武の参戦はそれなりに力となる。清原の長老と目される秀武がこちらに従えば、もはや家衡軍は孤立したも同然だ。ばかりか内裏にも言い訳が立つ。清原への憎しみだけで無益な戦さに走ったと思っている公卿が多いのである。しかし義家の陣営に秀武が加わったとなると様相は変わる。ここは我慢して受け入れるのが得策と義家は見ていた。

「清衡どの、今後は清衡どのこそ我らの棟梁。もはや安倍の清原のと申す世ではござるまい。それが奥六郡を乱す原因《もと》となった。器量もない家衡どのを旗印に掲げたは血筋にこだわり過ぎたがゆえ。手前の過ちにござった。これからはそれで通じぬ。器量でこそ棟梁を選ばねば国が滅びましょう。老い先短い身なれど、今より清衡どのの片腕となりとうござる。昔のことはなにとぞお忘れくだされ。この戦場にてそれを証《あか》してご覧に入れまする。下知あれば直ぐにでも柵攻めを……」

秀武は身を乗り出して清衡に訴えた。

「その忠誠、しかと通じ申した。三千を率いて布陣もまだであろう。先にそれを果たされるがよい。正経に相談いたせば場所を開けてくれる。積もる話は夜にでも」

閉口した顔で義家は遮《さえぎ》った。秀武は何度も平伏すると嬉々として引き下がった。

やれやれ、と義家は嘆息して、

「あの男こそ化け物だの。どの顔《つら》下げて我らの前に立てるのじゃ。そもそもすべての発端はあの秀武にある。器量で選ぶとは、よくぞ口にできたものよ」

（高橋克彦著『炎立つ　冥き稲妻』より）

ついに勝ち残った清衡《きよひら》

清衡と家衡の両軍は、出羽金沢の柵で対峙する。守りの堅い金沢の柵を囲んだ清衡は、長い膠着状態に耐えねばならなかった。

包囲軍は非情にも柵から落ちのびようとする女子供を片っ端から殺した。女子供が殺されるのを恐れて留まれば、それだけ柵の中の食糧が減っていく。家衡と家臣団だけでなく、その家族に籠城を強いることで、食糧が尽きるのを待ったのだ。そして一〇八七年の冬が近づいてきた。

何倍もの兵で厳重に包囲して、必ず勝てると信じてはいただろうが、冬の到来を控え、義家は焦りを感じていただろう。過去の経験で、東北の冬の恐ろしさは身に染みている。

ぼんやりと馬の背に揺れている義家の頭上を百羽近い雁《がん》が通り過ぎて行った。美しい列を描いている。義家は目で追った。こういう余裕すら近頃は失っている。

〈ん？〉

その雁の列が前方の湿原の上で乱れた。

雁は四方に飛び散った。けたたましい声を発して逃げて行く。

「馬を止めよ」

義家は従う兵たちに命じた。

「なにか？」

傍らの兵が質した。

「雁の列が乱れるときは、必ずその下に兵が潜むと聞いておる。鎧や槍に怯えるのだ。獣ぐらいで列を乱さぬ。あの一帯を探せ。恐らく敵の待ち伏せであろう」

「しかし……ここまで来るなど」

兵は苦笑いした。柵から相当に離れている。連合軍の真っただ中なのだ。もしそうならよほどの覚悟としか思えない。

「おらねばそれでいい。探して見よ」

はっ、と兵らは馬で向かった。

義家の予測は的中した。

探して間もなく、湿原に身を潜めていた敵兵が、わっとばかりに飛び出した。

義家の兵らは弓を構えて包囲した。

いっせいに矢が放たれた。敵の半分がそれで倒れた。たかだか四、五十の敵だ。あっと言う間に敵は斬り伏せられた。

「危のうござりましたな」

それでも皆は冷や汗を拭った。知らずに脇を通過していれば間近から矢を射かけられていたはずである。命を失っていただろう。

それに頷きながら義家は死骸の検分をした。いずれの兵も頬が削《そ》げ落ちていた。満足に食っていない証拠だ。何人かの兵の腰には鴨《かも》がぶら下げられていた。

「儂の命が欲しくて待ち構えていたのではなさそうだ。食い物を取りに来たのだ」

義家が言うと皆も大きく頷いた。

「どれでも構わぬ。腹を切り裂いてみよ。どうせろくなものを食っておるまい」

義家は命じた。

直ぐに結果が出た。

二人の兵の腹にはどちらにも少量の豆の痕跡しか見当たらなかったのである。

「ここまでとは思わなんだ。柵にもはや食い物はない。あと十日もせぬうちに柵は落ちる。このことを各陣に触れて参れ」

（高橋克彦著『炎立つ　冥き稲妻』より）

飢えに耐えきれなくなった金沢の柵の内部から火の手があがり、城内に残っていた女子供、老人は次々に自害していった。『奥州後三年記』*には、城の兵士で生き延びた者はほとんどいなかったと記されている。捕らえた家衡軍の主立った人物たちに義家が行なった処罰は残忍極まりないものだった。

義家はこの勝利を朝廷に報告した。しかし、朝廷はこの戦いを清原氏の内紛に加担した義家の私的な戦いとみなした。清原氏を朝敵としなかったし、義家に対する論功行賞もなかった。

この戦を単なる私闘と決めつけられた上、陸奥守の解任も告げられた。後任は戦に何の興味もない無名の下級公家であった。

軍事貴族である源氏の台頭に対する朝廷の警戒感が、一連の措置の背景にあったのは言うまでもない。

後三年の役を清衡を主人公にして考えれば、清衡と家衡、清衡と真衡の対立ということになる。けれども、後三年の役の一番の問題は、吉彦秀武と真衡の戦いにこそある。そこに、父親の野心を受け継いだ義家が入り込んでくる。

この三人の思惑がぶつかって互いにつぶし合い、結果的に清衡が漁夫の利を得たのである。

*『奥州後三年記』 一三四七年、玄恵が書いた後三年の役の軍記物語

第四幕

失ったのは豊かな資源

奥州藤原氏を興した初代藤原清衡《ふじわらのきよひら》は、
浄土思想に基づいて、京を凌《しの》ぐ新しい都・平泉を建設。
以後、百年に及ぶ平和と繁栄を東北にもたらした。
だが、三代秀衡《ひでひら》が源義経《みなもとのよしつね》を庇護したことにより、
平泉と源頼朝の対立が深刻化していく。

清衡《きよひら》の父、藤原経清《ふじわらのつねきよ》

後三年の役で跡目争いを勝ち抜いた清衡は、清原の姓を藤原に戻した。東北で古くから力を持っていた母方の安倍氏ではなく、実父の藤原経清《ふじわらのつねきよ》の姓を選んだのである。

これは、東北を愛するがゆえ朝廷の役人の身分を捨てた父・藤原経清の意思を引き継ぐという表明であろう。この時より清衡の時代、すなわち楽土平泉を舞台とする、奥州藤原氏の黄金の世紀が始まった。

亘理権太夫《わたりのごんのたいふ》の藤原経清は、亘理一帯（現・宮城県亘理郡）を支配地としていた。地方豪族の藤原秀郷*の流れを汲む軍事貴族だったのは確かなようだ。藤原秀郷、通称・俵藤太は、三上山の百足退治で知られる。経清は傍系とはいえ、摂関藤原家にもつながる一族の出だったことになる。

経清の父の藤原頼遠《よりとお》は、坂東の武人であったらしい。恐らく源頼義の弟・頼清の陸奥守就任（在任一〇四一～四六年）に従って陸奥へとやって来たのだろう。源頼清の任期が終わった後も陸奥に留まり、水陸交通の要衝の亘理郡を支配地にしたものと思われる。

『造興福寺記』によれば、藤原経清は前九年の役が始まる前の一

＊藤原秀郷
平将門の乱の時、将門を追討した将（八二頁参照）

○四七年、すでに東北在住の官吏としては異例の高位の従五位下を授けられていた。経清は源頼義軍の武将として相当に名声があったようだ。

その後、経清は安倍頼良（＝頼時）の娘を妻に迎え、二人の間に清衡が生まれる。経清が朝廷での身分を捨て安倍一族に合流した時、領地として与えられたのは、現在の奥州市江刺区辺りだった。そこには経清の墓か、あるいは経清を慕う者が建てたらしい塚がある。経清が従五位下だったのにちなみ、五位塚と呼ばれている。

清衡が安倍でも清原でもなく藤原を名乗ったのは、父・藤原経清が抱いた東北への思いを継ぐ意志があったからだろう。経清は土着の蝦夷ではないので、客観的な目で東北を見ることができた。公平な目で判断して、源氏のやり方が理不尽だと義憤を感じ、前九年の役では安倍氏に加担した。

清衡には、父親と同じように、東北の自治を守りたいという気概があった。だから、姓を藤原に戻したのだ。

奥州藤原氏・源氏関係図

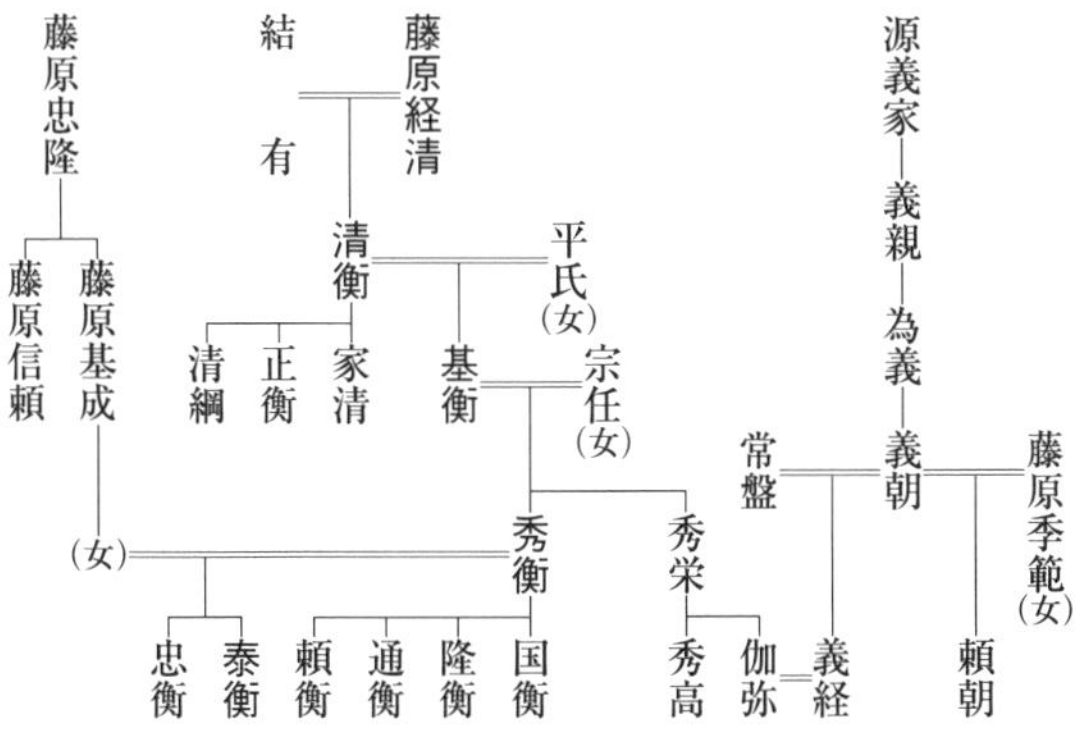

平泉とは

朝廷は藤原清衡を東北の新しい支配者と認め、陸奥国押領使《おうりょうし》*の肩書きを与えた。清衡が最初の拠点であった江刺郡豊田館（現・奥州市江刺区）を離れ平泉に進出したのは、後三年の役から十年以上過ぎた十一世紀末と見られている。

蝦夷と朝廷勢力の境界とされる衣川より南に位置する平泉に進出できたのは、朝廷の力が同地域で弱まっていたからだろう。源氏の勢力も、後三年の役で勝利に貢献したにもかかわらず、陸奥に支配権を確立できなかった。

平泉は衣川（北）、北上川（東）、磐井川（南）と、三方に川がある。この地に清衡は行政を担う館を造り、次に中尊寺を建立した。

寺伝によれば、中尊寺は九世紀半ばが発祥とされるが、実質的には十二世紀初頭、清衡によって創建された。清衡は五十歳前後になっており、その頃の感覚ではもはや晩年といってよい。

大伽藍を拵えるには極めて高度な技術が必要だ。当時のあらゆる先端技術は寺院建築から始まっている。中尊寺建立のため職人を呼び寄せるのは、平泉にあらゆる技術を結集させることでもある。寺

*押領使
凶徒を追捕する臨時の役人

を揃えれば、僧も集まる。当時、僧というのは最高の知識人である。

宗教を利用して技術と知識を集め、平泉は京の都を凌ぐ活気ある場所になっていった。清衡の巧みな戦略のおかげである。だが、決してそれだけではない。清衡の考えの根底には、生きとし生けるもの皆平等という浄土思想があった。

後三年の役がなかったら、清衡は清原の家で飼い殺しのまま生涯を終えただろう。実際、そうした境遇で三十歳頃まで過ごしてきた。当時の三十歳は、今なら五十歳くらいの感覚だ。

つまり五十歳くらいまで将来の展望もなく、自分は何者でもないという意識を持って生きていた人間だった。だから、支配者の側より庶民の側にいる意識が清衡にはあったのだろう。そのため万物平等という浄土思想を、ごく自然に受け入れたのではないか。

中尊寺建立の真の意図

中尊寺を建立するまでの間に、清衡の思いは変化していった。

1105年	藤原清衡、中尊寺建立
1124年	藤原清衡、中尊寺に金色堂を建立
1129年	鳥羽院院政開始
1156年	保元の乱（7）
1158年	後白河院政開始
1159年	平治の乱（12）
1167年	平清盛、太政大臣となる（2）
1170年	藤原秀衡、鎮守府将軍となる（5）

清衡ほど肉親同士の骨肉の争いを経験した支配者はそういない。本来ならば殺されていたはずの自分が生き延び、母親は一族を滅ぼした仇の正室になり、異父弟とも戦わなくてはならなかった。

明らかな敵と正面切って戦うという単純な構図ではなく、身内の中で争乱を繰り返してきた。しかも、領地の外に出ての戦いではなく、自分たち一族が支配する土地の中での戦いだった。そうしたことから、これ以上は無駄な犠牲者を出してはいけないと切実に思ったのだろう。

東北をうかがう源氏の野望への恐れも、清衡には大きかったと思う。いつまた源氏が、その牙を剝くか分からないという恐怖。対抗するには、自分たちも相応の軍事力を持たなければいけない。一方には、東北を異民族の国として、常に疑いの目で見ている朝廷がある。

絶えず監視の目が光っている訳だから、そのなかで軍事力を蓄えていくのは非常に危険なことだ。苦悶のなかで、清衡は寺の建立が一つの隠れ蓑になると気づいたに違いない。

寺を建てるには、仏像を拵えなくてはならない。金色堂を建てるには、螺鈿《らでん》*細工のため材料を輸入しなければならない。だから京から仏師を招いたり、大陸との貿易を行なう必要が生じる。金色堂に使われた螺鈿や納められた経典は、大陸から直接取り寄せたものだ。恐らく十三湊《とさみなと》から入ってきたと考えられる。

*螺鈿
夜光貝などの光を放つ部分を漆器などに填《は》め込んだりし、研ぎ出す技法

最近の遺跡の発掘でも、十三湊には藤原清衡の時代に大きな館があったことが証明されている。十三湊が奥州藤原氏の貿易拠点とも言うべき巨大な港だったのは間違いないだろう。

その十三湊は、のちに平泉の当主となる四代泰衡《やすひら》の眼に、どのように映ったであろうか。

泰衡は懐かしい景色と出会った。眼下の左手にはどこまでも広がる海原があった。そして右手には鏡のように穏やかな十三の内海。二つの海を真ん中で割るごとく陸地が伸びている。その陸地には大寺の瓦屋根や館の大屋根が眩しい陽の光を受けて輝いている。内海にいくつも見える白い帆は蜆採《しじみと》りの漁師の舟であろう。その遥か向こうには宋のものらしき船が巨大な帆を翻《ひるがえ》して浮かんでいる。

泰衡は丘の真下にある水軍の港に目を落とした。百人は楽に乗れる三枚帆の船が十五艘近くも舫《もや》っていた。圧巻であった。

国内では商船として用いられるが、吉次の船団が宋や呂宋《ルソン》へ渡る際には護衛船になり変わって必ず二艘が従う決まりとなっている。宋の近海には海賊が出没する。黄金や漆を運ぶ吉次の船団は格好の獲物なのである。

泰衡は湊から内海の先に広がる山々へと視線を動かした。津軽平野は十三の内海で終わり、なだらかな丘陵地となる。緑が果てしなく続いている。泰衡の目は靄山《もややま》を探していた。高くはないが綺麗な三角の形をした山で十三湊の人々の信仰の対象となっている。

（高橋克彦著『炎立つ　光彩楽土』より）

源《みなもとのよしいえ》義家と共に、弟の家衡《いえひら》を出羽の金沢《かなざわ》の柵《さく》で討ち滅ぼし、四十年近くが過ぎた天治《てんじ》二（一一二五）年の九月。ようやく中尊寺が完成した。

清衡が衣川の関を現世浄土にしようと決め、準備を始めたのはその二十年以上も前だった。衣川の関を挟んで、蝦夷《えみし》と朝廷、奥六郡と多賀城の国府、安倍と源氏が睨み合ってきた。蝦夷は衣川の関より南へ進出するのを禁じられ、源氏は関を越えようとして挫折を繰り返した。無数の人々の血が、衣川の関には染み込んでいる。

その衣川を堂塔で満たし、怨念を浄化して、平泉を守護する聖地へと清衡は変えようとした。この大事業を清衡が一代で見事に果たした。

私は小説のなかで、清衡の思いを次のように語らせた。尚、蓮光とは清衡が京から招いて中尊寺建立を任せたとされる僧である。

「いかに陸奥に疎《うと》い公卿の方々と申せ、衣川の関がいかなる場所であったか知らぬわけはあるまい。その地を拓《ひら》いて寺と成したのじゃ。裏を読む者が必ずおろう。金色堂を覆い隠すぐらいでは危うい。国家鎮護の寺と申したとて認めてくれぬやも知れぬ」

「さ……それは」

蓮光は言葉に詰まった。いかにもその通りであろうが、と言って、あれほどの寺を隠すのは不可能である。大長寿院や多宝塔の屋根はここからでもはっきりと見える。公卿たちはこの平泉に二十日は逗留するのだ。

「見せぬと申しておるのではない」

清衡は笑った。

「公卿の方々の臨席を仰いでの法要から中尊寺を外す方がよいと申しておる。儂にとっての大事は、この地に内裏の認める国家鎮護の寺を建立いたすこと。それが叶えば後々の布石となる。俘囚から抜け出る道筋を作ることにもなるではないか。それだけは儂の代にやり遂げておきたい。内裏も自らが国家鎮護と認めた寺のある平泉を滅多に攻めようとはせぬはず」

「お館さまは……そこまで考えられた上で」

蓮光はさすがに絶句した。いかにも内裏の勅願寺《ちょくがんじ》に近いものと見做《みな》されれば、迂闊《うかつ》に手が出せなくなる理屈である。柵の要《かなめ》としてこれほど強い力を有するものはなかろう。


（高橋克彦著『炎立つ　光彩楽土』より）

自分たちの未来を守るための寺だったら潰される。あくまでも中尊寺、そして後に二代基衡《もとひら》が建立した毛越寺《もうつうじ》は、天皇の万世の繁栄を願うための寺だと思わせなくてはならない。

だからこそ、清衡の招きに応じて、天皇の代理の貴族たちが平泉に沢山来た。天皇の御代が栄えることを願って寺を建てますと言われれば、朝廷としては認めるしかない。

この名目によって、有り余る砂金を使い、大陸との貿易で膨大な量の陶器、経典などを輸入した。あっという間に中尊寺は日本で最大の経典を所有する寺になった。それを読みたさに、今度は国中の僧侶たちが平泉に来たがった。

珍しい経典があれば誰しも勉強したいので、奈良や京の僧がこぞって平泉にやって来た。あの時代の僧たちは最高の知識人であり、平泉に日本の頭脳が集結することとなる。

技術と知識を集め、さらに馬産地でもある平泉は、都を凌ぐ力を持つ場所になった。

清衡と浄土思想

画期的だったのは、当時の日本で浄土思想は廃れていたにもかかわらず、清衡があえてそれを採用したことである。

浄土思想を簡単に説明すれば、極楽に阿弥陀様がいて、死ねばそこで安楽に暮らせるという教えだ。けれども、それでは現世の救いにはまったくならない。そのため一度廃れて、天上にある極楽のようなものを現世につくればよいという考えが生まれた。

実際にそういう世界をつくれるのは大権力者しかいない。だが、ピラミッド型の権力の構造がある世界では、万人平等の考え方は成立し得ないから、現世の極楽など理想論だと退けられた。次に出てきたのが、極楽は自分の胸の内にあるという、禅宗に近い哲学的な考えだ。浄土宗は中国でも日本でも捨てられていた。それを清衡が復活させたという点が重要だ。

清衡は平泉に都をつくり、陸奥を自分の国にしたが、自分は権力者だという意識を持っていなかった。だからこそ、素直に浄土宗を理想の姿として提示することができた。ほかの権力者では絶対に発想できない万人平等の思想をだ。

前にも述べた通り、平泉の世界文化遺産登録をユネスコが認めなかったのは、そういう国はあり得ないという理由だった。権力者がいながら万人平等を謳うなど言葉だけのことで、その実態を証明しなければ認めないと言ったのだ。

東日本大震災が起きた時、被災地と呼ばれる地域は、偶然にも福島、宮城、岩手など藤原清衡が支配した地、奥州藤原氏の文化圏だった。その被災地の人たちの、自分のことより他者の辛さを思いやる姿が、ニュースとして世界中に流れた。世界文化遺産の登録を申請していた平泉、藤原清衡がつくった国は、もともとこのような国だったのではないか、そのＤＮＡが今に受け継がれているのではないか、そうユネスコに受け止められたことが、実は登録につながったのだと思う。清衡が平泉で育んだ東北の「和」の魂は、今の東北の人々の中に受け継がれてきたのである。

ここに中尊寺の落慶に際して、藤原清衡が読み上げた供養願文の骨子を掲げる。


国を護る大寺院の建立にあたり供養し奉ります。

五色の旗で飾った仏堂に釈迦三尊を、三重塔に大日如来と弥勒菩薩を安置しました。

瓦葺きの蔵には、紺の紙に金と銀とで経を写した一切経を納めました。

鐘つき堂を造り、梵鐘を吊るしました。

その鐘の音は、世界のあらゆる人のもとに届き、苦しみをやわらげ、心を清らかにするでしょう。

陸奥の地では、官軍の兵と蝦夷の兵が争い、古来より多くの命が失われました。

毛を持つ獣、羽ばたく鳥、鱗を持つ魚も、数限りなく殺されてきました。

その骨は朽ち果て、陸奥の土くれとなっておりますが、鐘を打ち鳴らすたびに、罪なくして命を奪われたものたちの霊が慰められ、極楽浄土に導かれることを願っております。

五百の僧が、釈尊の教えをすべて記した五千余巻の一切経を読み上げました。

その声は天にも達したことでしょう。

以上のように善行を積む本意は、ただ国家鎮護を祈るためであります。

幸いにも白河法皇様が統治なさる世に生まれあわせ、安らかに過ごすこと三十年にも及びます。

今、杖にすがる年齢となり、最後の勤めに、仏の道を広める以上のことがあるでしょうか。

平泉は東に青龍、西に白虎、南に朱雀、北に玄武、四方を神仏が守護する理想の地です。

平泉を都とし、陸奥は恩寵あらたかなる国となりました。

わたくしは、戦乱で父と叔父を失い、母と妻と初めての子を殺され、弟とは骨肉の争いを余儀なくされました。

殺生に手を染めたこの身が、思いがけなくも蝦夷の棟梁となり、陸奥の民が心安らかに暮らせる国をつくることができました。

これを仏の慈悲と呼ばずして、何と呼びましょうか。

願わくば、この世界中に、仏の道の根本である、万物皆平等の教えが広まらんことを。

天治三年三月二十四日　藤原朝臣清衡

（『中尊寺供養願文』現代語による抄訳）

平泉の平和

清衡が平泉に進出したのは、延暦寺や東大寺などの寺社勢力が、源氏や平氏といった新興勢力の軍事貴族と激しく対立し、朝廷が対処に苦慮していた時期に当たる。言い換えれば、朝廷は東北にかまっている余裕がなかった。

清衡は平泉を拠点として、浄土思想に基づいた理想の国を東北に築こうとした。平泉を都とした後、清衡は平穏な余生を約三十年過ごし、七十三歳で没した。

二代目の基衡は毛越寺を建立したことで知られる。源氏による平泉征服の後に焼失するなどして、現在では創建当時の威容を知ることはできないが、中尊寺を凌ぐ豪奢な伽藍だったと伝えられる。毛越寺の造営は三代目の秀衡《ひでひら》に受け継がれて、一段と壮大なものになっていったようだ。

秀衡が家督を継いだのは、平氏が朝廷を手中に収め、権力を握る少し前だった。百年近くも平穏を保ち、帝への忠誠を貫いてきた平泉に対して、朝廷の扱いはあまりにも冷たい。蝦夷への蔑みが理由なら、平泉に頼るなと言いたくなる。黄金《きん》や漆、馬や毛皮まで献上させておきながら蔑視をやめようとしない。

欲しければ自分たちで陸奥を直接支配すればいい。それをしないのは平泉の力をよく分かっているせいだ。それならば少なくとも秀衡にだけは敬意を払うべきだろう。なのに秀衡に与えたのは、従五位下という低い階位だ。三代前の祖先に当たる藤原経清もまったく同じ位を授けられていた。つまりは百年以上の忠誠の末に、もともとの階位を取り戻しただけなのである。

秀衡は陸奥守・藤原基成《もとなり》の娘と婚姻関係を結んでいる。この頃の平泉は、平安京に匹敵する国内有数の大都市に発展していた。

一一七〇年、秀衡は鎮守府将軍に任じられ、奥六郡における朝廷公認の支配者となった。数年後、鞍馬山に預けられていた源　義経《みなもとのよしつね》が自らの意志で脱走して、秀衡のもとにやってきた。そして、六年あまり義経は平泉で過ごした。

秀衡が義経を受け入れた真意は何だったのか？

蝦夷である秀衡には、平氏や源氏のように自分が旗頭になって武家政治をやっていくのは無理だと分かっていた。先を読んでいた秀衡は、中央政権の頭に義経を据え、背後から操るやり方を狙っていたのではないか。これは鎌倉幕府における執権・北条氏と同じ発想だ。北条氏も将軍を飾り物にして、自分たちは執権として実権を握った。

平氏から再三にわたり源氏討伐の援軍を要請されても断り続けたのは、源氏が勝った後に義経を棟梁に据えようという思惑があったからだろう。

治承《じしょう》三（一一七九）年。後白河《ごしらかわ》法皇が清盛《きよもり》によって鳥羽殿《とばどの》へ幽閉された。既に法皇の権力は二年前から失われていた。平氏打倒の陰謀を巡らせていたのが発覚したからだ。法皇は罪を免《まぬが》れたものの、陰謀に加わった者たちは死罪または追放となった。

以来、法皇も大人しく暮らしていたのだが、清盛の長男重盛《しげもり》が病いで亡くなると、それを契機にまたも水面下で動き始めた。平氏を支えていたのは亡くなった重盛であった。その要が失われれば平氏の求心力が落ちると見たのだろう。

陰謀を察知した清盛は兵を遣わして、関白藤原基房《もとふさ》以下三十九人の側近を解任、法皇自身も幽閉するという強硬手段に出た。この事件は平氏への不満が増大したことを示すよりも、法皇すら幽閉できる力を平氏が持っていることを知らしめる結果となった。

その頃、伊豆に流されていた源頼朝は北条《ほうじょう》

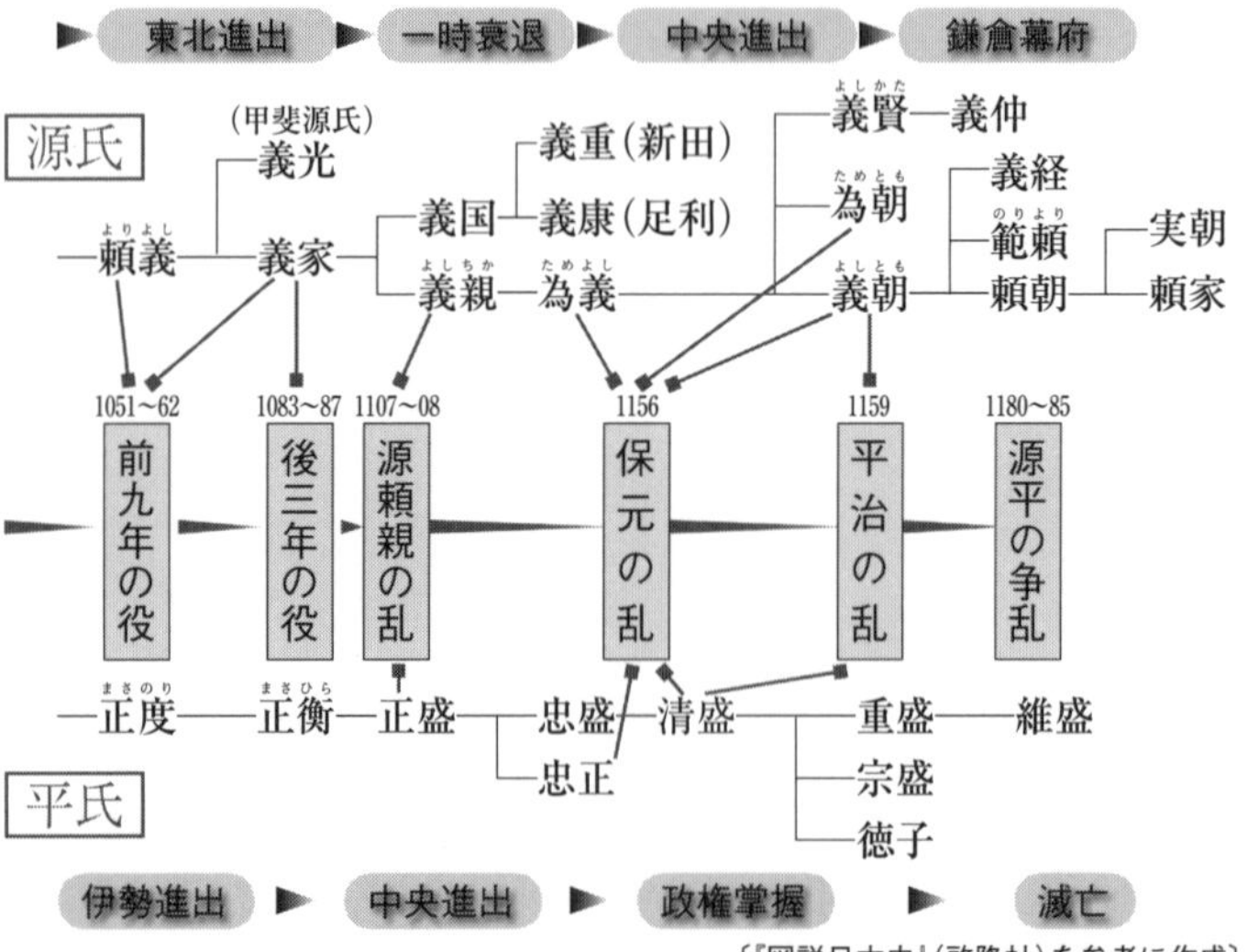

〔『図説日本史』(啓隆社)を参考に作成〕

時政《ときまさ》の庇護のもとにいた。平氏打倒の兵を挙げる機会をうかがっていた頼朝は、平泉の態度の曖昧さに苛立ちを募らせていただろう。平泉が平氏に味方するのなら、頼朝は正面の平氏と背後の平泉の両方を相手にしなければならなくなる。そもそも源氏の味方は諸国に散らばっている。その力を一つに纏め上げなければ、とても平氏に手向かえない。

一方、平泉は十五万とも十七万とも言われる騎馬軍を抱えている。その気になれば一国でも平氏と戦さができる。平氏を滅ぼす気があるなら、秀衡が源氏の支援をすると表明すればいい。それで諸国の源氏が一斉に立ち上がる。だが、秀衡はどちらの味方をするか態度をはっきりさせていない。そのくせ、頼朝の弟の義経を大事に保護しているのだ。頼朝から見ると、源氏と平氏を戦わせ、どちらが優勢かを見定めた上で、義経を旗印に使おうとしているとしか思えなかっただろう。

翌年の二月、高倉帝が譲位した。新しい帝は平清盛の娘、徳子《とくこ》が生んだ子である。践祚《せんそ》と同時に新帝は安徳《あんとく》天皇と名乗った。すべては清盛の筋書き通りである。幼い安徳天皇は傀儡に過ぎず、実権は清盛が握った。

それから二カ月後、法皇の子である以仁王が、諸国の源氏に平氏討伐の令旨《りょうじ》*を下した。法皇の勅命と比べれば重みに欠けるが、これで戦さの大義を源氏が得たのである。

＊令旨
皇太子、親王などの命令書

そして五月、以仁王《もちひとおう》が源《みなもとの》頼政《よりまさ》と共に打倒平氏の旗を掲げた。だが、平氏の反撃が素早すぎて、以仁王のもとに集まったのはわずか千余騎。以仁王と頼政は三井寺《みいでら》に立て籠り、延暦寺《えんりゃくじ》に決起を促したが、僧兵は動かない。

新たな援軍を募ろうと、奈良の興福寺《こうふくじ》へと向かう途中、平氏の急追撃によって、宇治川を挟んで決戦となった。多勢に無勢、結果は惨憺《さんたん》たるものだった。平氏に包囲された頼政は平等院の庭で自刃し、以仁王も負け戦のドサクサのなか雑兵《ぞうひょう》に討ち取られてしまった。

この顛末は国中に伝わったが、以仁王の死だけは固く伏せられた。法皇の子を殺したと非難されるのを避けるためだろう。平氏にとっても親王の死は誤算であった。重くとも遠流処分に止めるつもりが、思いがけぬ結果となってしまった。

源頼朝に義経が合流するまで、平氏と源氏の争乱に巻き込まれないよう秀衡は腐心していた。一一八一年、秀衡が陸奥守に任命される。この任官について、九条兼実《くじょうかねざね》の日記『玉葉《ぎょくよう》』は、源氏追討のためとしている。

七月に治承《じしょう》から養和《ようわ》と改められた直後の八月。平泉の秀衡に内裏から思いがけぬ任官が命じられた。従五位への昇進と共に陸奥守を任命されたのである。すでに鎮守府《ちんじゅふ》将軍を務め上げ、従五位下の貴族に列せられていた秀衡にすれば、わずかの昇進でしかなかったが、階位よりも陸奥守という役職の持つ意味は大きかった。内裏が陸奥の直接統治を公然と認めたこととなる。鎮守府将軍は一時的な役職に過ぎないが、陸奥守となると国守の中でも上位に数えられる大任である。それに蝦夷が任じられるなど前代未聞のことでもあった。公卿らの多くはその任官を嘆き、世も末だと呪詛の言葉を漏らした。それほどに秀衡の陸奥守任官は衝撃だったと言える。

（高橋克彦著『炎立つ　光彩楽土』より）

その半年前、平氏の棟梁・清盛が熱病で亡くなっている。屋台骨が揺らぎ始めた平氏は必死で立て直しを図る。その一環として秀衡に陸奥守が任命された。餌《えさ》を与えて陸奥を平氏の陣営に取り込もうという策だ。実は清盛が亡くなる直前、秀衡へ源氏追討の宣旨《せんじ》*が後白河法皇から下されていた。だが、秀衡はその返答を引き延ばしていたのである。そこで平氏は陸奥守就任を持ち出してきた。陸奥守となれば否応なしに朝廷との関わりができる。つまり朝廷の命令に従わざるを得ない立場に置かれるのだ。

寿永二（一一八三）年七月末のことだった。義仲の軍勢に圧倒された平氏一族は安徳天皇を奉じて瀬戸内海へと逃れ去った。後白河法皇はそれを見届けるや、ただちに平氏を逆賊と断じて義仲

＊宣旨
天皇の命を伝える公文書

に正式な追討の宣旨を下した。平氏は一夜にして官軍から逆賊へと転落した。安徳天皇も帝位を廃され、新たに高倉上皇の第四皇子であった尊成《たかひら》親王が践祚《せんそ》した。後鳥羽天皇がそれである。が、この践祚は別の火種ともなった。義仲は令旨を発した以仁王の功績を称《たた》え、新天皇には以仁王の親王をと進言していたのだ。進言を受け入れられなかった義仲と後白河法皇との間には大きな痼《しこ》りが生じた。法皇は義仲を疎んじはじめ、代わりに頼朝を頼りとするようになった。上洛を命じても秀衡の脅威を理由に鎌倉を動かない頼朝を無欲の男と見たのである。それに頼朝が奏上した三箇条の意見書も法皇や公卿にとって好もしい内容であった。頼朝自身はなにも望まず、平氏の横領していた土地や財産はすべて元の所有者の寺や公卿に戻すのが筋であると主張していた。その上、たとえ平氏に加担していた者でも許しを乞うなら罪を問わずに迎えるべきである、と。財産を戻してくれるばかりか、平氏に追従していたことも不問にするとあっては公卿が歓迎するのも当然であろう。これで内裏における頼朝の人気は一気に義仲を超えた。

(高橋克彦著『炎立つ　光彩楽土』より)

一一八四年、都警護の役目を務めている源義経が従五位下・大夫判官《たいふほうがん》に叙された。検非違使として都を守る最高の地位に就いたのである。

同じ頃、朝廷から秀衡の陸奥守解任を伝える書状が平泉に届けられた。もともと、源氏を牽制するため押しつけられた役職であったから、秀衡は驚きもしなかっただろう。むしろ、朝廷の要請を巧みに躱《かわ》しながら、三年余も陸奥守の地位を保った秀衡の政治的手腕に驚かされる。

都から平氏が退去して一年が経っても、平泉に対して源氏が何もしないでいるのは、秀衡の策が正しかったように見える。頼朝が陸奥の討伐を願っても法皇が断固許さないのだ。頼朝にできるのはせいぜい陸奥守解任を法皇に迫る程度でしかない。秀衡は源平の争いに巻き込まれることなく、やり過ごしたのだ。しかも朝廷では義経が力を得ている。

ずっと中央の争乱から距離を保ち、独自の世界を築いてきた平泉だった。蝦夷《えみし》が蝦夷のままで暮らせる世とは、蝦夷の何人かが公家

1177年	鹿ヶ谷事件（6）
1179年	平清盛、院政停止、法皇を鳥羽殿に幽閉（11）
1180年	以仁王《もちひとおう》令旨《りょうじ》（平氏討伐の命令）（4）
	源頼政挙兵、宇治平等院で敗死（5）
	源頼朝、伊豆で挙兵（8）、源（木曾）義仲挙兵（9）
1181年	平清盛死去（2）
	藤原秀衡、陸奥守となる（8）
1183年	義仲入京（7）
1184年	義仲、義経らに討たれる（1）
	一ノ谷の戦い（2）
1185年	屋島の戦い（2）
	平氏壇ノ浦にて滅亡（3）
	源頼朝、朝廷より守護・地頭の設置許可
1187年	源義経、藤原秀衡のもとに逃れる（2）
1189年	藤原泰衡、河田次郎に殺害され、奥州藤原氏滅亡（9）
1192年	源頼朝、征夷大将軍就任（7）

の仲間入りをすることではない。この陸奥をどこにも染まらず、どこにも縛られぬ国とする。それが許された時、初めて民は蝦夷を誇りとして生きていけるのだ。

しかし、源頼朝は平泉の平穏をいつまでも許してはおかなかった。

頼朝による平泉制圧

平氏を滅ぼした源頼朝の目は陸奥に向けられた。そこは五代前の先祖の源頼義が手に入れようとして果たせなかった地だ。

頼義にとって陸奥の最大の魅力は、軍事力に結びつく資源だった。矢羽根の鷲の羽根、防寒用の毛皮、武器の材料である鉄、刀鍛冶の技術、そして馬がある。

豊かな資源を持つ東北を傘下にすれば、莫大な軍事力を手に入れられる。源氏は、とにかく東北を支配下に収めたかった。平氏にしても九州や瀬戸内を掌握して、その資源がバックにあったから勢力を拡大できたのだ。

前九年の役は、奥六郡に対する源氏の野望が背景にあったことは、すでに述べた。それに加え、平泉を放っておくと、常に背後を脅かされると、源頼朝は危機感を持っていたのだろう。

陸奥のような遠い土地に戦争を仕掛けようと、十万二十万の兵を動かすには、食糧や武器の補給のため、その数倍の兵站要員が必要になる。気に喰わないから今日明日にも攻め込むという訳にはいかない。準備には五年も十年もかかる。
頼朝としては坂東の軍事力を結集できた時点で一気に仕掛けることが大事だった。そこでモタついて間をあけてしまうと、平泉にさらに戦力を蓄えられてしまう可能性がある。財力は平泉のほうが圧倒的にあるから、時が経つにつれて均衡が崩れ、源氏のほうが守勢に立たされてしまう。後々のことを考えると、平氏を滅ぼした勢いですぐに一掃してしまわないと、自分たちの政権は続いていかないと見たのだろう。

頼朝と義経の決裂は思いがけないときに突然訪れた。義経が頼朝の命によって平氏との最終決戦に挑み、四国の屋島の奇襲、そして長門《ながと》の壇ノ浦の海戦に華々しい勝利を収め、平氏を壊滅させた直後のことだったのである。平氏の一族は幼い安徳天皇と共に海へ身を投じ、二十五年にも及ぶ平氏の支配は完全に幕を閉じた。多くの捕虜を引き連れて義経が都へ凱旋したのは一ノ谷の戦さから数えておよそ一年と二月が過ぎた元暦二（一一八五）年四月の二十四日のことであったが、それからわずか十日が経ったばかりの五月の四日に、鎌倉の頼朝より「勘当する」という通達が義経に届けられたのだ。まさに寝耳に水の縁切りに等しい。勘当の理由は頼朝に相談なく法皇の叙位を拝受したことだけに絞られていた。驚愕した義経は平氏の捕虜を鎌倉に届けるという名目を立てて早速に都を出立した。だが、鎌倉入りを目前とした腰越《こしごえ》の地にて義経は阻まれた。無断の任官をした者はもはや臣下ではない。もし鎌倉に一歩でも踏み込めば敵と見做して斬罪《ざんざい》に処すという厳しい対応であった。義経は涙と怒りを必死で堪え、頼朝の側近である大江広元へ己れの恭順を訴える書状をしたため、兄へのとりなしを懇願した。義経には理解ができなかったのだ。それも当然のことであろう。無断任官に対する処罰であればもっと早い時期になされてしかるべきものである。それに半年以上も触れず、しかも平氏追討の指揮を預けておきながら、勝利の報告にこの返答では納得がいかない。これは壇ノ浦の戦さの軍議においてことごとく意見が衝突した梶原景時《かじわらかげとき》の讒言に違いないと義経は確信を抱いていた。と言っても戦勝に功績のある自分を処罰する理由が見当たらないので、無理やり古い話を持ち出してきただけだと義経は甘く見ていたのだ。会って真実を伝えれば必ず許されると信じていたのだが……頼朝の考えは義経と遠くかけ離れていた。

（高橋克彦著『炎立つ　光彩楽土』より）

頼朝に追われる身となった義経は、秀衡のもとへ逃げ込む。義経を匿《かくま》えば頼朝といずれ対峙することになる。頼朝は都の近辺で義経逃亡に手を貸した者たちを捕らえては行方を質した。あるいは義経捕縛の祈禱を鶴岡八幡宮で執り行なったりした。

これは陸奥への目くらましだった。頼朝は義経が平泉にいるとの確証を得ている。なのに頼朝はその後も熱心に義経の行方を探させている。朝廷を通じて平泉には義経追討の命令を正式に伝えさせている。平泉の者たちの間に戸惑いが生じた。頼朝は本当に義経の行方を知らないのでは、という見解が次第に大勢を占めるようになったのだ。

しかし、頼朝の狙いはもっと深いところにあった。頼朝個人の糾弾に平泉が嘘の返事を寄越したとて、それを重罪とするのは難しい。だが朝廷による義経追討令を受けていながら身柄を隠していたとなれば、歴然たる反逆行為となる。

頼朝の策とも気付かず、義経追討令を謹んで受けると、秀衡は朝廷に返答してしまった。頼朝は内心で快哉を叫んだに違いない。

頼朝はさらに機会を待った。庇い立ての期間が長くなればなるほど罪が重くなる。この時点で平泉の運命は頼朝の手に握られてしまった。

頼朝はついにその刃《やいば》を陸奥に向けた。数々の証拠を朝廷に提出し、陸奥が義経を匿《かくま》っていると訴えたのだ。驚いた朝廷は再度、義経追討の院宣を携えた使者を秀衡の許へ遣わした。

秀衡は断じて義経など匿っていないと突き放した。これで下準備はすべて整ったことになる。

頼朝の誤算と言えば、朝廷が陸奥討伐に容易に頷かぬ点にあったが、それも時間の問題だった。

一一八七年秋、秀衡が急死してしまう。『吾妻鏡』*には、義経を大将軍として仰ぐようにと秀衡が遺言したとある。また『玉葉』には、泰衡とその異母兄・国衡《くにひら》に、義経の指揮に従うよう言い残したとする記述がある。

頼朝は鎌倉政権を樹立した後、平泉から京都に送られていた貢金や貢馬を鎌倉を経由して送るよう求め、秀衡はこの指示をのまざるを得なかった。泰衡もこれを守って鎌倉政権と朝廷に敵対する意志のないことを示していた。

やがて、頼朝の要求により朝廷からたびたび、義経追討の命令が平泉に出されるようになる。


翌文治四（一一八八）年四月の中旬。

泰衡は義経との別れの酒宴を衣川の吉次の館にて開いた。明日には吉次の先導で義経主従が津軽へ落ち延びることに定まっていた。この月の末には義経追討の院宣を携えた内裏の勅使と鎌倉の使者が平泉を訪ねるとの知らせが届いていたのである。一行はしばらく滞在する予定であった。戦さが直ぐにはじまる状況であれば義経も泰衡の言葉に頷かなかったであろうが、頼朝はまたまた奇妙な行動に出ていた。秀衡の死を知るや間髪を入れずに内裏へ泰衡宛ての義経追討令を要請しながら、自身は亡母追善供養のための五重塔建設に着手し、向こう一年間の殺生を禁

*『吾妻鏡』

鎌倉後期成立の史書で、鎌倉幕府の正史に近い

ずる命令を配下に与えた。むろん陸奥が義経を奉じて鎌倉に押し寄せればこの限りではないが、とにかく一年の休戦を宣言したに等しかった。その狙いが軍備の増強にあるのは明白だった。頼朝は陸奥の覚悟を見抜いて本腰を据えたのである。もちろん泰衡も承知であった。しかし、受ける戦さしか考えていない陸奥には関わりのない問題であった。

（高橋克彦著『炎立つ　光彩楽土』より）

一一八九年、義経を匿っている以上は、泰衡も反逆に与《くみ》する者であると、頼朝が攻め入る姿勢をみせた。このため、泰衡は衣川の館に兵を差し向け義経を自害に追い込んだ、と正史にはある。義経を殺したことにして、陸奥を戦火から守ろうとしたのであろう。しかし、頼朝はなお追及の手を緩めず、平泉は鎌倉幕府との全面戦争に引きずりこまれる。

泰衡《やすひら》の胸の内

泰衡は長い目で見て、鎌倉幕府とは戦っても不毛な結果にしかならないと判断したのではないかと思っている。

頼朝軍と平泉軍が対峙した阿津賀志山（現・福島県伊達郡国見町辺り）の防塁を実際に見に行く

と、十万・二十万の兵でも防げそうな壮大な規模だ。五メートルほどの高さの土塁を、万里の長城のように連ねて、敵が進撃してくる正面をすべて塞いでいる。十万の頼朝軍が来た時、泰衡とその異母兄の国衡が守っていた。本来であれば、そこで何日も凌げたのに、泰衡は一日でいなくなってしまった。国衡は防塁の内側に立て籠っていればいいのに、わざわざ防塁から出て戦って死んだ。

何故、泰衡があそこで腰砕けになったのか？

一番の問題は、頼朝が朝廷の命を受けている点にあった。安倍貞任たちが抱えた問題と同じで、頼朝を討ち負かすことは、朝廷に反逆することになる。

そうなれば、源氏と朝廷、つまりは日本国中を相手に、とてつもなく長い戦が始まる。平泉がどんなに頑張っても、都にまで攻め上っていく軍事力はない。坂東の源氏の勢力圏を通過しながら、次々と立ち向かってくる相手を破りながら進むのは不可能だ。長い目で見ると、この戦はできないという判断だったのだろう。

戦わずして負けたのは、弱腰だったからでない。入り込んできた二十数万の敵兵と戦えば、平泉や奥六郡が灰になってしまうのを恐れたからだ。それよりは、自分たちが立ち去ることで、国と民を守ろうという判断をしたのだろう。

泰衡は決して臆病だった訳ではない。泰衡の中には清衡の血が脈々と流れていて、ここは自分たち支配者だけの国ではない、という思いがあったのだと思う。自分さえいなくなれば、この国土が無傷で残ると信じたから、戦を放棄したのだ。

阿津賀志山《あつかしやま》の戦いの後、泰衡は退却を続ける。『吾妻鏡』には、泰衡が平泉を立ち去る際、火を放つよう命じたため、頼朝が入った時は焼け野原になっていたと書かれている。

だが、中尊寺は残っていたのである。泰衡が焼いたのは、平泉の組織や金山の場所などを記した書類を収めていた役所だけだったろう。平泉の象徴たる金色堂が残って、その輝きが消えない限り、いつかまた蝦夷の手で新しい町が作られると泰衡は信じていたと思っている。

その後、泰衡は頼朝に書状を送っている。義経を匿ったのは父・秀衡であり、自分は命令に従って義経を討った。討伐されるような罪は犯していないので、御家人にしていただけないか、といった内容だ。

これもまた、陸奥を頼朝軍から守りたいという思いの現れだったのではないか。この書状に、返事を比内郡*（現・秋田県北秋田郡）の辺りに送って欲しいと記したために、頼朝軍が比内に向けて追捕に出る。

居所を書いたのは、他の地域を荒らされないための策だろう。泰衡が本当に卑怯者であれば、自分の隠れ場所をわざわざ知らせるはずがない。

泰衡は、百年かけて平泉がこしらえてきた理想の人間だと思う。万人平等というのを清衡は言葉で語ったが、泰衡は体で現した。何が大事なのか。戦えば源氏の勢力を半減させ、一度は勝利を収めたかもしれないが、その先にずっと朝廷との長い戦があることを考えれば、無意味だと思ったのだろう。

この国は手前一人のものにござりませぬ。民それぞれのもの。これからは民が自らの国をまた作って参りましょう。手前の胸にある蝦夷の国はこうして滅びましても、無数の蝦夷が我らの後をきっと継いでくれまする。今に賭けるより手前は遠き未来に無数の種子《たね》を残すことこそ大事と考え申した。陸奥の山野を、陸奥の村々を、陸奥の子らをそのままにしてやりたかったのでござる。一つの花を皆が守るのが蝦夷であるなら、皆のために一つの花が身を捧げるのも蝦夷。一人一人がその心を失わぬためにはなによりも自由でなければなりますまい。逆賊となり、あるいは源氏の力に屈して我らが従うは民の胸より蝦夷の心をなくさせることに繋がりまする。それゆえ国を捨て申した。民はこののち、自らで道を選びましょう。源氏に従う者とて、無理強いではござらぬ。己れの心によるもの。その中でまた蝦夷の心が蘇ります。誇りを残してやることが棟梁である手前の役目と心得ましてござります。

（高橋克彦著『炎立つ　光彩楽土』より）

平泉に仕えていた比内の河田次郎に泰衡は討たれた。その首を頼朝に届けた河田次郎は、主君を裏切ったとして処刑される。頼朝は泰衡の首を、前九年の役で義家が貞任の首にしたように、八寸釘を額に打ち込んでさらした。

平泉を中心に営まれた百年の平和は、新たな勢力である鎌倉幕府によって終わらせられたのである。

頼朝の平泉攻めの真意

源頼朝は異母弟・義経を大変に恐れ、憎んでいたとされる。

『吾妻鏡』によれば、頼朝と義経が初めて会った際、義経が平泉から十七騎しか引き連れてこなかったので、頼朝は強い不満を示したという。このことによって、義経が身を寄せていた平泉の姿勢に疑いを持ったのだろう。義経を庇護していながら、平家追討にあたって、わずかな兵しか出さなかったのはおかしい。頼朝がこの先どうなるのか様子を見ているのか、あるいは平氏と源氏を戦わせ、漁夫の利を狙っているのか。この時から頼朝の平泉に対する疑心が生まれた。

京都で頼朝の名代として滞在する間に、義経は後白河上皇から官位を授かった。頼朝は自分の承認なしに受けたことに激怒した。義経が兄弟の契りを深めたいと哀願しても拒否。義経をどんどん絶望の淵に追いやっていく。

ついには朝廷に義経は謀反人だと訴え、討伐令を得る。それによって、見つければ殺すことが認められたのに、肝心の捜索のやり方は実に不可解なものだった。義経の庇護者は藤原秀衡だから、平泉に入るのを阻止しようとするのが普通の考え方だろう。

義経が二十万とも言われる平泉の軍を率いて鎌倉に攻め寄せてきたら、頼朝は危うくなる。それを分かっていながら、北の関所をガラ空きにして、わざと平泉へ平泉へと向かうように後を追いかけている。平泉に入ったのを見届けても、そのまま放置しておいて、一年ほど経ってから、大悪人の義経を匿っているだろう、と泰衡に身柄を差し出せと迫った。

頼朝の狙いは義経ではなく、平泉を滅ぼす口実を得ることだった。平氏滅亡後、源氏の軍事政権である鎌倉幕府が成立。朝廷は平氏で軍事政権に懲りている。一つの武家集団に政治を任せると朝廷が危うくなるとみて、平氏の時代から朝廷は平泉を優遇していた。平泉も平氏と結びつきつつ、うまく立ち回っていた。平氏が滅びてからは、源氏を牽制していくため、もう一つの軍事政権が必要だった朝廷にとって、平泉はとても重要だったのだ。

朝廷が義経を大事にしたのも、義経の裏に平泉があり、鎌倉と平泉を両天秤にかけられるという計算があったからだろう。頼朝がいかに働き掛けても、朝廷から平泉の討伐令は出なかった。平氏と結びついていた平泉を滅ぼしたいと、何度となく朝廷に進言したが、頑として朝廷は許さなかった。

平泉を討つ理由として頼朝が持ち出してきたのが義経だった。最終的には、義経を朝廷と源氏に逆らう大逆人に仕立て上げ、匿った者は朝敵であるとする勅命を得た。平泉には義経が長期滞在している、誰が見ても義経が平泉にいるという確証を積み上げてから、頼朝は平泉討伐にとりかかった。

義経には藤原秀衡の死後、北へ逃れたとする北行伝説がある。私が不思議に思っているのは、秀衡が何故このタイミングで死んだかということだ。義経が平泉に戻って、一年足らずで亡くなっている。当時の秀衡は鎌倉と対決して一歩も引かないという意識を持っていた、そのために戦の準備もしていたと思われる。

従来は馬から落ちたのが原因で、長く床について亡くなったとされている。秀衡は金色堂にミイラが残っているので、鎌倉が間者を送って毒殺でもしたのではないかと、ある出版社を通じて調べてもらった。内臓が残っていないため毒殺されたかどうかは分からないが、長く床についていた人の体ではないので、病死ではないだろうとの話だった。

あの時、秀衡が死なかったら、歴史は変わっていた。歴史の偶然を私は信じない。鎌倉が平泉の動向をずっと探っていて、秀衡が平泉の軍を義経に任せることを決めた時点で、暗殺者を差し向けたのだろうと推察している。

陸奥の巨大な篝火であった藤原秀衡が命の炎を燃焼し尽くしたのは（文治三年）十月二十九日の早暁のことであった。

臨終間近に最後の意識を取り戻した秀衡は泰衡一人を枕頭に呼ぶと苦しい息で、

「金色堂《こんじきどう》へ移せ……陸奥を守りたい」

それだけをはっきりと言った。

泰衡の頷きを認めた秀衡は笑顔で逝《い》った。

〈仏となって平泉を守護なさる気か〉

泰衡は静かな秀衡の死に顔に合掌しながら、いかにも親父らしい最期の言葉であったと誇りを感じていた。

（高橋克彦著『炎立つ　光彩楽土』より）

北行伝説から読み解く平泉討伐

義経の北行伝説は、岩手に関係した話なので中学生くらいから興味を持っていた。その頃はいわゆる判官贔屓から、義経ほどの人物が泰衡などに負ける筈がないという単純な理由で伝説を信じていた。

物書きになる前だったと思うが、北行伝説に関する本を読んでいるうち、重大な勘違いに気がついた。北行伝説の最も重要な点は、義経が平泉を逃れたのは泰衡に攻められたからではない、ということだ。攻められて逃げたというのは、後の世の単純な思い込みであって、北行伝説によれば義経は泰衡と一度も戦っていない。

鎌倉幕府の正史では、秀衡の遺言で平泉の総大将として義経が任命されたため、泰衡が不満を募らせたとある。それでも匿い続けていたものの、頼朝の追及をかわしきれなくなって、義経を攻めたということになっている。

北行伝説によれば、泰衡が義経を攻めたとされる時期の一年半も前に、義経は平泉を出ている。頼朝の追及によって義経を殺したというのは、あくまでも泰衡の主張なのである。

義経が二十万の平泉の兵を率いていたら、頼朝を倒した可能性はかなり高い。しかし後ろ盾の秀衡は死んでしまった。義経がやると言えば、平泉は鎌倉幕府と戦ったのかもしれない。だが、平泉を戦乱に巻き込むことを義経は躊躇したのではないか。

そういう意味では、義経は少し性格が甘すぎた。義経は、あくまでも自分一人が狙われていると思っていたのだろう。頼朝の本意が自分ではなく、平泉を滅ぼすことにあることを認識していたら、戦ったのではないか。

それに気づかなかった義経は、自分さえいなくなればと平泉を出た。泰衡としては、義経の身柄を差し出せないから、苦肉の策として偽首を塩漬けにして鎌倉へ届けた。

頼朝は義経が平泉からいなくなっているのを知っていた。最初から偽物の首だと分かっていたので、周りの者の目に触れさせないよう、梶原景時に命じて海に投げ捨てさせたのだ。

私は伝説を重んじている。貴種流離譚は、誰もが知っているヒーローが自分たちの暮らす場所にも関係していればいいな、という願望から始まっている。だから、義経伝説も東北六県のあらゆる場所にあっていいはずだ。

その場合、義経にまつわる貴種流離譚は、義経が地元の娘と一緒になり、子供が生まれて、「その子孫が私です」といった自慢話になるだろう。しかし、義経の北行伝説は、東北のどこかで暮らしたという話ではない。すべて、ここを通過して、どこかへ逃れていったという話ばかりだ。

義経主従を風呂に入れたとか、ここから舟に乗って去って行ったというような、それらの伝説をつなげると、平泉から八戸までのルートがきれいに成立する。平泉から宮古に出て、海岸線を伝って八戸まで行き、最終的には竜飛岬から北海道に渡ったというルートだ。

あとで勝手にでっち上げたルートならば、そんな一直線につながるはずがない。北行伝説が本当のことであったと思う大きな根拠の一つである。

義経の首級が鎌倉に届いた前後について、鎌倉幕府側の資料を追っていくと、夏の盛りに塩漬けにして、平泉から一カ月ほどかかって運ばれている。通常であれば十日ほどで届くものが、一カ月もかかるとはどうしたことか。わざと腐らせるように、ゆっくり運んだとしか思えない。届いた首を頼朝は実際には見ていない。たまたまその時、母親の供養をしていたので、義経の首を鎌倉に入れるのは不吉だと、離れた場所で首実検をするために梶原景時を送り込んだ。

その際、頼朝は景時に、義経は何を考えているか分からない人物なので、怪しいところがあったら、すぐ海に捨てろと指示している。怪しいところがあったら、というのは、怨霊になりそうだったら捨てろという意味のように思えるが、それは違う。

怪しいとは、偽物だったらということだ。義経を知っている人間が見て、明らかに偽首だったら、鎌倉に持ってくるな、と頼朝は命じたのである。偽首だと分かったからこそ、梶原景時は海に捨てたのだろう。

頼朝は、義経が平泉を脱出したと分かっていたが、それでも平泉を攻めた。頼朝の狙いは義経ではなく、平泉討伐にあったというのが、まず一番のポイントだ。

泰衡も源氏の思惑は分かっていただろう。義経が脱出した段階で、頼朝がどう出るか判断しようとしたのか、泰衡は偽の首を差し出した。それに対し頼朝は首を鎌倉に入れるなと言った。平泉討伐の口実とするため、あくまでその首は義経だということにしたかったからだ。頼朝は最初から偽物の首だと知っていて、周りの者の目に触れさせないまま、景時に海に投げ捨てさせたのだ。

義経の首を差し出したということは、今まで命令に違反して義経を匿っていたということだ。つまり泰衡は朝廷に背いた大逆人となる。

これを根拠に頼朝は朝廷の許しも得ず、間もなく平泉に出兵する。

内裏は逆賊の義経が死んだことで一切を収拾するという策を選んできた。陸奥が匿っていた罪は重いといえども、内裏の命に従って義経を討ったは恭順と見做すべきものであるとの判断に立ち、陸奥の討伐は認めがたしと結んである。

頼朝は無視して戦さの準備を続けた。

七月十九日。偽首が届けられてからわずか一月が過ぎたところで頼朝は陸奥に向けて軍を発動した。

内裏の討伐令を受けずして頼朝は実力行使に打って出たのである。鎌倉を出立の際は千騎であったが坂東でその数は膨らみ、たちまち十万を超す大軍となった。

どちらも引き返せない岐路に立っていた。

（高橋克彦著『炎立つ　光彩楽土』より）

北行伝説が非常に曖昧になったのは、義経が逃げたことを頼朝が認める訳にいかなかったからだろう。認めてしまうと、罪のない平泉を滅ぼしたことになる。義経を匿った平泉討伐の正当性を主張するために、鎌倉幕府は義経が死んだことにした。

現在、義経の首が平泉から届けられたとする根拠は、鎌倉幕府の正史の『吾妻鏡』にある記述だ。歴史研究者が何故、北行伝説を認めないかというと、義経を憎んでいた頼朝が、その死を認めたからだ。義経の調伏を江ノ島で祈願した頼朝が、一番気にするのは首が本物かどうかで、それを確認したのだから、これ以上の証拠はない。『吾妻鏡』に義経の死が書かれている以上、北行伝説は成立しないと断定する。

しかし、その『吾妻鏡』の中に、平泉が滅びた数年後、山形で泰衡の弟を含む平泉の残党が反乱を起こしたことについて、最初この勢力を率いているのは源義経だと噂が立ったと書かれている。そして、調べてみたら違った、とある。

公式に死んだと認めた義経が、平泉の残党を率いたのかどうか、今さら何故調べなければならないのか？　つまり、鎌倉幕府は義経が死んでいないのを知っていたことになる。

今までの歴史認識では、義経を匿っていたから頼朝は平泉を滅ぼしたように思われている。しかし、北行伝説が真実で、義経は死ななかったとなると、頼朝は平泉を滅ぼすため義経を利用したとみなすことができる。いかに鎌倉幕府が平泉を潰したかったかということだ。

義経と頼朝の兄弟の不仲は根拠がない。頼朝は兄弟愛より政治的判断を優先しただけなのだと思う。憎んでいたのなら、平泉滅亡後、追っ手を差し向けて殺すのも簡単だったのに、頼朝はそれをしないで見逃している。

このことから、義経に対する愛情を心の奥底には持っていたのではないかと考える。

「東日流外三郡誌《つがるそとさんぐんし》」と北行伝説

私が『竜の枢』を書いたきっかけは「東日流外三郡誌《つがるそとさんぐんし》*」だった。今では偽書だとはっきり分かっているが、この書物が歴史を抹殺され続けてきた東北に大いなる光を与えたことだけは事実である。

けれども、あれだけ膨大な書物の全てが作り物とは思えない。中には真実の含まれた伝承もあるのだろうと思いながら読んだ。その後の発掘調査などで、同書の記述の根底には信憑性の高い伝承が用いられていたことがうかがえる。

「東日流外三郡誌」は義経にほんの少しだけ触れている。「東日流

*「東日流外三郡誌」
二七頁参照

外三郡誌」が発表されたのは、高木彬光さんが『成吉思汗の秘密』を書いて、北行伝説を大々的に盛り上げた時だった。日本中の誰もが、これからの研究で北行伝説が解き明かされ、真実と認められるのではないかと期待していた。

「東日流外三郡誌」には、義経が平泉から逃れて十三湊に数日間滞在して北へ向かったと書かれている。つまり、平泉が滅びる前に北へ流れてきたという点で、北行伝説と共通性がある。

偽書づくりのポイントとして、北行伝説を用いるのであれば、高木彬光さんの本などが出ているのだから、それらを利用してもっと詳しく書くはずだ。それによって、信憑性を高められただろう。

あるいは、北行伝説には触れないなら、平泉で死んだことにしたほうが利口だ。しかし、その場合、もしも北行伝説が証明された時、偽書なことが明確になってしまう。それでも北に逃れたとはっきり書いたのは、動かせない真実が元ネタにあったからではないか。

北行伝説は、単に英雄が北に逃れたというのではなく、頼朝の真意を明らかにする伝承である。単なる作り話であれば、例えば「義経が村に来て庄屋の娘と懇ろになり、その子孫が俺だよ」といった話ばかりが残ったはずだ。北行伝説が真実だったからこそ、そういう下世話な話が残らなかったのではないか。どこかの村の男が「俺は義経の末裔だ」と言えば、「嘘つけ、義経様はお前の家には泊まっていない」と指摘する人がかつては沢山いたのだろう。

源氏のプロパガンダ

公家の力が衰退してきた時期に、源氏は軍事貴族として頭角を現した。公家に代わって政治を司る正当性が自分たちにはあると、常にプロパガンダしてきたグループが源氏だった。蝦夷《えみし》の反乱に終止符を打った征夷大将軍の坂上田村麻呂こそ、武将の典型で英雄だと崇められるようになったのは、死後四百年ほど経た鎌倉時代である。

頼朝は一一九二年に征夷大将軍に任じられている。すでに平泉を制圧したあとだったが、頼朝はこの役職で奥州支配の大義を得たことになる。

源氏が田村麻呂を英雄に仕立て上げたのは、頼朝が任じられた征夷大将軍がいかに重要な役職であるかを世に知らしめようとしてのことだ。そのため『御伽草子《おとぎぞうし》*』のような読み物を利用したプロパガンダが展開された。以後、征夷大将軍は武家の最高の位として、足利幕府、江戸幕府の歴代の当主もその役職をいただくことになる。

源氏は一族についても、自己宣伝のため英雄伝説というべきものを拵え上げている。一番の例が、源頼光が京都の四天王を従えて大江山の酒呑童子を退治した話だ。

---

*御伽草子
室町時代から江戸期にかけて作られた空想的・教訓的・童話的短編小説集

頼光は頼朝の祖先にあたるため、源氏の系統を語る場合、外せない人物だ。しかし、公家に取り入るため、もっぱら賄賂政治をやった最悪の男だった。この頼光を『御伽草子』を利用して英雄に仕立てて、源氏は凄いと思わせる。こうした点から、源氏が残した資料は、あまり信用できないと思っている。

前九年の役に取材した軍記物語『陸奥話記』は作者未詳だが、前九年の役は源頼義が王権保護のために「賊徒」安倍氏を誅した戦いであると記している。「源氏史観」で貫かれた内容からして、源氏のプロパガンダの一環として書かれたのではないかと考えられる。安倍貞任らを日本最大の逆賊として描いているのは、敵を大きく見せないと、それを討った源氏の力を示せないからだ。『陸奥話記』には、源頼義の行動を正当化し、安倍氏の側に合戦の責任を負わせるための虚構や史実の改変が随所に見られる。平泉に関しても同様で、鎌倉幕府の正史である『吾妻鏡』も、プロパガンダのためそうとう手が加えられている可能性がある。

鎌倉政権に引き継がれた平泉

鎌倉幕府が誕生して、すぐに成立した官職制は、平氏の政権が採用したものとはまったく違う内容だった。平氏は公家と共存しており、朝廷の中で官位をもらいトップに就くというやり方だった。

鎌倉幕府が設けた官職制は、都の公家政治とは別個のシステムを持っている。そのシステムを鎌倉幕府が直ちに作れたことを、歴史学者は説明できていない。私は、百年にわたって朝廷とは異なる政治を行なっていた平泉のシステムを、そっくりそのまま取り入れたのだと考えている。

つまりは職制なのである。朝廷支配が五百年以上も揺るぎないのは、その間に支配系統や命令系統、はたまた懲罰、そして階位と言った細かな制度が確立されたことに依っている。たとえば地方長官にその土地の豪族がなりたいと願っても、それに見合った階位がなければ許されない。そうした決まりがあらゆる部分に及んでいる。権力を持とうと思えば、否応なしに有力な公卿の傘下に加わらなければならない。それを拒めば枠の外に追いやられてしまう。平氏がこれほどの権力を有しながら公卿を疎《おろそ》かにできない理由はそこにある。今の職制に代わるものを打ち立てることができないからには、その制度の中での権力を強化するしかない。参議の半数以上を平氏が占め、左大臣や右大臣を身内が務めるという形しか取れないのである。だが、平泉は違う。もともと内裏の政から外されている。内裏の方は陸奥から年貢さえ取れればいいのだ。蝦夷を参議に迎える気はない。そのため、陸奥は独自の道を歩まざるを得なくなった。広大な陸奥を纏めるには平泉が手腕を発揮しなければならない。百年の間に内裏とは異なる職制が誕生した。命令系統も支配系統も完全に成立している。むしろ陸奥一つに限られている分だけ緻密《ちみつ》に完成されていると言えるだろう。もし平泉が平氏と公卿を滅ぼし、翌日から政を担ったとしても、今の職制を拡大するだけで当分は凌いでいくことができるはずである。今の朝廷支配の世にあって、それができるのは平泉ただ一つしかないと吉次は見ていた。源氏では単なる権力の移行に過ぎないが、平泉ならまったく新しい国を樹立できるのだ。

（高橋克彦著『炎立つ　光彩楽土』より）

『吾妻鏡』には、鎌倉の頼朝軍は滅ぼした後、平泉から現地の行政官をたくさん鎌倉に連れて来たことが記されている。平泉の行政の専門家たちを引き取って、鎌倉幕府成立の根幹となる仕組みを構築したのであろう。

平泉の官職制は資料が全くないので分からないが、百年間、東北にあれだけの都市国家をつくったのだから、そのような仕組みがなかった筈はない。泰衡は平泉を逃れていく時に、自分たちの資料を全部燃やしていったので、鎌倉勢は資料の代わりに人を連れていくしかなかった。

結果的にいえば、平泉は消えたのではなく、鎌倉幕府の基礎になったと考えられる。執権制そのものも平泉にあった可能性がある。それ以前の北条一族は、単なる地方豪族でしかない。鎌倉幕府が成立した時代、坂東の豪族たちは国を動かす官僚制度など持っていなかった。

東北を攻める論理

田村麻呂に制圧される前から、朝廷は東北に坂東辺りから多くの人々を移らせ、稲作を進める政策を行なっていた。同時に、朝廷に従った蝦夷、いわゆる俘囚と呼ばれる人たちを坂東などに移住させていた。

八世紀から九世紀初頭にかけて、少し詳しい歴史年表を見ると、朝廷がいかに東北を従わせようと努力していたかが見えてくる。八〇二年、阿弖流為《あてるい》の本拠地に胆沢《いさわ》城（現・岩手県奥州市水沢区）が、翌年には志波城（現・盛岡市）が作られた。

志波城の周辺を発掘調査すると、田んぼの跡がとても多いというから、開墾や稲作技術を教えることも、かなり早くから行なわれていたのではないか。

朝廷も田村麻呂の制圧以降は、蝦夷を刺激しない政策に転じたとみられる。そのおかげで、十一世紀に安倍貞任たちが出てくるまで二百数十年ほどの平和が続いた。

柵あるいは城は、朝廷の統治領域を広げていくための拠点として設けられた。しかし、その時そこで暮らしていた蝦夷たちにしてみると、どうして自分たちの土地に勝手に入り込んでくるのか分からない。金を産出するといっても、自分たちが通貨として使うのではないから関心もない。

何もしていないのに、蝦夷は野蛮だの文化が低いだのと貶められ続けている。蝦夷には朝廷側の論理は、まったく訳が分からなかったろう。

一方で、境界線上にある多賀城に徴兵され連れて来られた人々は、蝦夷は獣に等しい者たちだと刷り込まれている。互いの無理解が高じて、皆麻呂《あざまろ》の乱に端を発し、東北を舞台に阿弖流為が活躍した長い戦が始まる。

阿弖流為の反乱、前九年の役、頼朝の平泉征服、それぞれ侵略者たちの目的はすべて違う。その時々の必要があって、東北を手に入れたがった。東北の民にしてみると、いつも自分たちと関係のない価値観によって攻められてきたのである。

阿弖流為らが抵抗し続けたのが黄金を巡る戦いだとすると、前九年の役は源氏が東北で産出する優れた軍馬を得るための戦いだった。

前九年の役は、武士の時代に入っていたことが大きな要因である。それまで朝廷がずっと東北に求めていたのは、黄金や毛皮といった奥州の産物だった。武士たちが求めたのは当時の最強の兵器だった馬である。馬はのちの世でいう戦車のようなものだ。平氏が使っていたのは小型の馬で、それに比べると東北の馬は大きさも脚力も段違いだった。

前九年の役は、明らかに源氏が自分たちの軍馬供給基地として東北を狙ったものだ。馬産に適した平地の少ない所を本領地としていた河内源氏が、東北を支配することにより強力な軍事力を手に入れようとしたのだ。後三年の役は、前九年の役で頼義が果たせなかった願いを叶えたいという源氏の思いが根底にあった。

その百年ほどあとに源頼朝が平泉を攻めたのは、大きくなりすぎた平泉の藤原氏が鎌倉幕府にとって、背後からの大きな脅威になったことによる。

頼朝の平泉制圧のあと、馬産地として東北の重要性は続いたが、鎌倉幕府は黄金を必要としなかった。黄金は武士にはまったく無縁のものだ。小判などはまだない時代であったから、貨幣としての価値がない。

武士が信奉していたのは禅宗だから、鍍金《ときん》を施した仏像をつくる必要はない。平泉が滅んで大陸との交流も途絶えたので、貿易に使う必要もない。したがって金の需要はどんどん低減していった。

鎌倉時代になると金はほとんど必要なくなった。平泉があれほどの黄金文化を築いていたのに、頼朝の政権になってから産出量が急激に落ち込んだ。需要の低下が原因なのだが、あまりの激減ぶりに平泉の残党が莫大な黄金を隠したという伝説が生まれたほどだ。

東北が攻められた理由はいつも同じではない。その都度、東北は時代を切り換えていく大きなポイントになっていた。東北は施政者によって「産物」をどんどん替えられていった。近代は兵士の供給地になり、現代は電力の供給地とされた。中央にないものを東北に求める、あるいは東北に負担させるという構図だ。

　それは鎌倉幕府が東北に米を作らせたことに始まる。鎌倉幕府は黄金に興味がないから、東北を米の産地として開発しようとした。だが、土地は広いとはいえ、気候風土が米に向いていない。東北はしばしば飢饉に見舞われ、そのたびに過去から積み上げてきた蓄えが失われていった。東北がしだいに貧しい国になったのは、鎌倉幕府の政策によるものだ。

　鎌倉幕府の方針として米作をさせたのは、東北の経済力を封じ込めるという意味合いもあっただろう。奥州藤原氏を滅ぼしたとしても、その末裔はまだ無数にいる。彼らの相当数を鎌倉幕府の役人として取り込んだとしても、まだまだ潜在的に東北は力を秘めている。その経済力を壊していくために、どんどん米作に切り換えていった。

　東北を巡る大きな戦いは、それぞれ意味合いは異なるが、すべては攻める側の思惑によって引き起こされたものなのだ。


「今日よりそなたらに藤原の姓を許す。それが俺にできるただ一つのことだ」

「藤原の姓をこの我らに！」

　皆は絶句して、床に平伏した。

　平泉百年を築いた藤原の姓は蝦夷の誇りとも言うべき輝きであった。遡《さかのぼ》れば藤原経清に繫がっている。

「血の繋がりだけが身内ではない。心の通う者こそ真の身内。そなたらが藤原を名乗ること、祖先らもきっと喜んで許してくれよう」

「身に余る光栄に存じます」

歓喜の声が広間に響き渡った。

「藤原と名乗るからには死ぬな」

泰衡は一人一人の顔に欠かさず目を運び、

「そなたらはそれぞれの里に戻り蝦夷の道標《みちしるべ》となれ。子や孫らに伝えよ。蝦夷とは何であったか、蝦夷がなにを大事にしたか、なぜに我らが国を捨てたか……そこから新しき蝦夷の花が咲く。俺は金色堂にあって見届ける」

泰衡の笑顔に皆も笑いを取り戻した。

「灯明の炎は小さかれど、皆が集まれば山を燃やし天に届く。それぞれに炎を持て」

「必ず。今の炎を絶やさせませぬ」

皆に新たな希望が生まれた。百年も千年も炎さえ繋いで行けばいつか大きな炎となる。一人一人がその灯明となるのである。


（高橋克彦著『炎立つ　光彩楽土』より）

第五幕

切り裂かれた心

戦国時代、広大な領地を持つ南部一族の内部では
後継者争いが続いていた。
後継者候補の南部《なんぶ》信直《のぶなお》と対立する九戸《くのへ》政実《まさざね》は
一門随一の武将として知られていた。
南部当主となった信直は豊臣秀吉の小田原攻めに駆けつけ服従を誓う。
蝦夷《えみし》の誇りを捨てた信直に政実は戦を仕掛けた。
秀吉を敵に回すことになるのは承知の上での謀反だった。

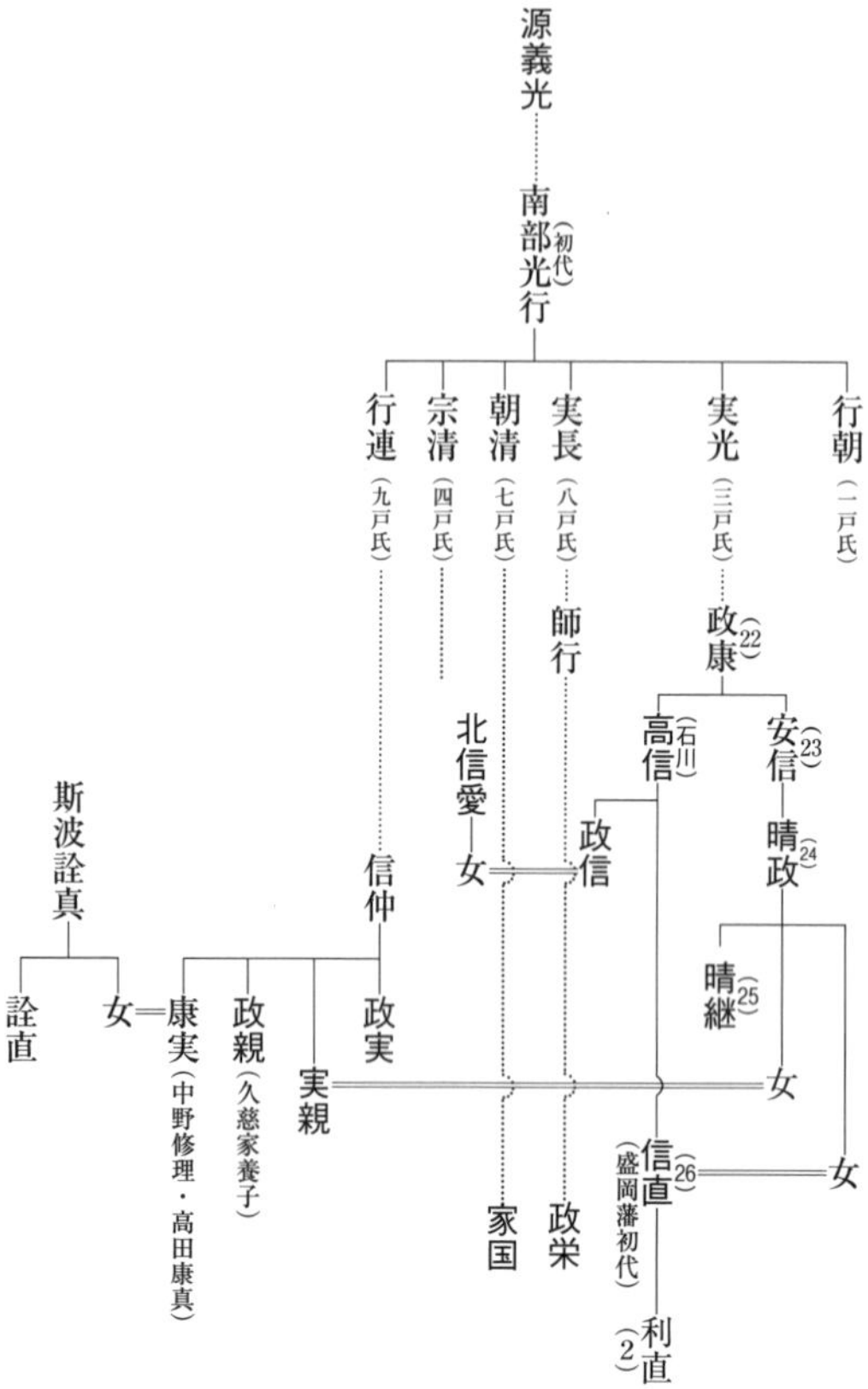
源義光
南部光行（初代）
行朝（一戸氏）
実光（三戸氏）
実長（八戸氏）
朝清（七戸氏）
宗清（四戸氏）
行連（九戸氏）
政康22
師行
高信（石川）
安信23
北信愛
女
政信
晴政24
晴継25
信仲
斯波詮真
詮直
女
康実（中野修理・高田康真）
政親（久慈家養子）
実親
政実
女
信直26（盛岡藩初代）
女
家国
政栄
利直（2）

南部氏とは、蝦夷《えみし》とは

岩手県の生まれでありながら、私は南部氏に関心がなかった。というのも、南部氏は後三年の役で清原氏を倒した源義家の弟、新羅《しんら》三郎義光の末裔だからだ。義家は弟の義光を蝦夷《えみし》の監視のため送り込んだ。源氏につながる南部氏に対し、蝦夷の物語を書いてきた私には抵抗があったのだ。

東北の歴史を蝦夷の手に取り戻したいという信念からしても、南部氏は場違いな気がしていた。けれども、『天を衝く』で私は主人公に九戸《くのへ》政実《まさざね》を据えた。政実は南部一門であり、源氏をルーツとしているので、血筋からいえば蝦夷ではない。だから「この地に何百年と歴史を重ねてきたことが、すなわち蝦夷だ」と、私は小説の中に書いた。

『天を衝く』は、県北の軽米町在住で、現在は作家として活躍している北上秋彦氏のおかげで書けた小説である。北上氏がプロになる前、小説を読んでほしいと私の家を訪ねてきた。その原稿は九戸政実を巡るミステリー小説だった。

読ませてもらって初めて九戸政実という人物を知り、とても面白いと思った。いっそ本格的な歴史小説にしたらどうかと勧めたが、それは彼の方向性とは違っていたようだった。いずれにせよ、北上氏との出会いがなければ、『天を衝く』を書くことはなかっただろう。

私は東北における源氏の存在にずっと引っかかっていた。そのことが、九戸政実に向き合う要因だった。『天を衝く』を書くにあたっては、北上氏に様々な史跡を案内してもらい、また多くの史料を集めることができた。

南部氏の始祖・南部光行《なんぶみつゆき》は、源義光の子孫とされる。一一八〇年、頼朝が平氏と戦った石橋山の戦いで手柄をあげ、甲斐国南部牧を与えられたことから南部氏を名乗るようになった。

頼朝の平泉征服にも加わり、論功行賞の結果、現在の青森県南部町を得て、そののちに三戸城を築いて本拠とした。光行の六人の息子たちが一戸、四戸、七戸、八戸、九戸などを領地として治め、血族で結ばれた大きな勢力圏が生まれる。朝廷が南北朝に分かれて争っていた時代には、さらに領域を広げて、一時は津軽一円まで手中にしていた。

豊臣秀吉に立ち向かった人物である九戸政実と取り組む時、どこに自分のシンパシーを置けばいいのか悩んだ。それまで政実の反逆は、南部一族の内紛としか見られていなかった。政実の正義をどこに見いだしたらよいのかが難しかったのだ。

締め切りが迫ってもまったく書けず、約束していた連載をキャンセルすべきかという瀬戸際まで追い込まれた時、ふと、自分が蝦夷《えみし》の定義をあまりにも狭く考えていたのではないかと疑問が生まれた。

私は蝦夷を民族、血筋という問題で考えていたが、九戸政実の時代に南部氏は東北に根を張って四百年を過ぎていた。四百年も東北で暮らしていたのであれば、それは立派な蝦夷ではないかと思ったのだ。

蝦夷とは民族ではなく、風土が拵《こしら》えるものかもしれないと思った瞬間、政実もまた蝦夷だという考えになった。途端に作品を展開すべき先が見えた。南部の中で新しい蝦夷という自覚を持った人間として見ると、政実の様々な戦いの意図が見えてくる。

九戸政実は主家の南部一族に謀反を起こしたとされたため、歴史の表舞台から消されていた。政実の抗いを蝦夷の怒りに重ねれば、『炎立つ』や『火怨』と同じく蝦夷へのシンパシーで描き切っていくことができる。物語の冒頭部分で「おれは新しい蝦夷《えみし》だ」と政実に言わせたのはそこからきている。

「南部はもはや源氏ではありませぬ」

実親は断言した。

「陸奥の民にござりましょう」

「陸奥の民？」

政実は困惑の顔で実親《さねちか》を見やった。

「兄者が源氏に戻りたいお気持ちは十分に分かり申すが、この土地に四百年も根付いた我らがいまだに源氏の心を抱いていては国を纏めることなどできますまい。将軍が我らに国替えを命じてきたらいかがなされます？」

「さて……それは」

「都に戻れといわれても兄者は従わぬはず。生まれ育った故郷ではありませぬか。山や川を眺めて心が和《なご》みまする。先祖はいざ知らず、今の我らは陸奥の民となりました」

「なるほど、陸奥の民か」

政実は何度も首を縦に振って、

「安東*や大浦*が蝦夷なら、我らとて新しき蝦夷と言うことだな」

力を得たような笑いを浮かべた。

「陸奥の地に根付く者、すなわち蝦夷だ」

政実はその言い方が気に入ったらしかった。

「辛うじて保たれた源氏の糸など、もう要らぬ。九戸党は新たな蝦夷の道を歩もう」

（高橋克彦著『天を衝く』より）

＊安東
津軽地方を中心に出羽の国秋田から下北半島を支配した豪族。安倍貞任の子孫と称していた

＊大浦
津軽氏の前身。南部氏の庶流、久慈氏の一族ともいわれる

九戸《くのへ》政実《まさざね》の時代

九戸城主の政実は、南部氏の始祖・光行の六男の末裔で、三戸に本拠をおく南部本家に仕える身だった。一五三六年生まれと伝えられ、豊臣秀吉とは同い年ということになる。

政実と秀吉が二十歳になる頃には、形骸化した足利幕府に代わり天下を取ろうという武将たちが戦いを繰り広げる戦国時代に突入していた。

一五五八年から始まる十二年の永禄《えいろく》年間は、戦国の世で最も激しい時代と言っていいだろう。織田信長《おだのぶなが》が桶狭間《おけはざま》で今川義元《いまがわよしもと》の首級を奪ったのが永禄三年五月。上杉謙信《うえすぎけんしん》と武田信玄《たけだしんげん》が川中島で雌雄《しゆう》を決したのは永禄四年九月。永禄十年秋には信長が悲願だった美濃《みの》を手に入れ、岐阜を拠点に天下布武《てんかふぶ》の決意を表明した。まさに日本中が戦の荒波に翻弄されていた。

破竹の勢いで勝ち進んだ織田信長は、一五七三年に足利義昭を京都から追放する。戦乱のうねりは東北の各地域にも及んでいた。その中から、政実より三十歳ほど若い伊達政宗《だてまさむね》が、東北屈指の武将として頭角を現してきた。

東北の覇権争いで南部は秋田に襲われた。一五六七年、秋田の安東愛季《あんどうちかすえ》が境界線に位置する南部側の拠点、鹿角《かづの》（現・秋田県鹿角市）の長牛《なごうし》城に二度目の攻撃を仕掛け、ついに落としたのだ。

安東一族は前九年の役で源頼義に敗れた安倍貞任の遺児・高星丸を始祖とする。その安東一族が、源氏の流れを汲む南部一族に反抗の狼煙を上げたわけだ。

時を経ずして政実が、安東愛季から長牛城を奪還。大手柄を挙げた政実は、南部家当主・南部晴政《はるまさ》に二戸城*を所望した。政実は三年近くをかけて二戸城に大改修を施す。政実の新たな拠点となるその城が完成したのは元亀元（一五七〇）年の秋だった。

戦国の世となって、同族の結束力で四百年の支配を維持した南部氏にも綻びが生じていた。身内の小競り合いが絶えなかったために、政実は二戸城を「不敗の根城」にすべく大改修したのだ。いざとなったら五、六千の兵が一年の間、楽に籠もれるようにする、というのが政実の目論見だった。

政実が仕えていた南部家二十四代目当主・晴政の晩年に子が生まれ、一族の間に大きな亀裂が入った。跡継ぎのいない晴政は、長女の婿として養子にした南部信直《のぶなお》に家督を譲ると決めていた。ところが嫡子・晴継《はるつぐ》が生まれたので、晴政は信直を遠ざけるようになる。

九戸政実と北信愛《きたのぶちか》

当主の南部晴政から遠ざけられたものの、信直には希代の策士・

＊二戸城
現・岩手県二戸市

＊三戸城
現・青森県三戸郡三戸町

北信愛《きたのぶちか》が家老として従っていた。北信愛も南部の一門であり、三戸*城の近くに位置する剣吉城《けんよしじょう》*の城主であった。北という珍しい姓は、三戸城の北の守りの意味を込めて、南部本家から授けられたものだ。

ちなみに南部一族には、東と南の姓を持つ者もいる。名久井城《なくいじょう》*を預かる東政勝《あずままさかつ》と、浅水城《あさみずじょう》*を預かる南慶儀だ。いずれの姓も、北と同様に三戸城を中心とした位置関係でつけられたもので、これら三家は三戸の鉄壁の守りと誇っていた。

中でも北信愛は文武両道で知られた男だった。また八戸《はちのへ》南部氏の当主である政栄《まさひで》とは親しい間柄で、一族への影響力も大きかった。

政実は晴政のやり方に異を唱える唯一の家臣ではあったが、主君という立場を尊重して、決定的な対立には至っていない。それに政実の弟・実親《さねちか》は、晴政の次女との婚儀を結び、南部本家に婿入りしている。一方、北信愛の娘は、信直の弟の政信《まさのぶ》に嫁いでいた。

政実は三戸から南に拠点を移し、まず斯波《しば》*を平定し、次に和賀《わが》*や稗貫《ひえぬき》*を傘下に加えなければならないと思っていた。つまりは、かつての奥六郡と同じ領域だ。周りには安東や最上、それに伊達といっ

*剣吉城
青森県三戸郡南部町

*名久井城
青森県三戸郡南部町

*浅水城
青森県三戸郡五戸町

*八戸政栄
南部八戸氏の十八代当主

*斯波
足利氏の有力一門で奥州探題に連なる名家

*和賀
陸奥国和賀郡や周辺を支配した豪族

*稗貫
陸奥国稗貫郡一帯を支配した豪族

た大名がひしめいている。一門の結束が揺らげば、南部の先行きは危うい。

「俺はだれのためでもなく俺自身や九戸党のために大戦さを案じておる。九戸党は確かに強い。が、それは南部という鎧あってのものだぞ。鎧を剝がれてしまえば、いかに九戸党とて危うくなる。まだ九戸党だけの力でこの荒海を渡ってはいけまい。五、六万の大軍を率いる最上には七、八千の九戸党がどうやって戦う？　最上*ばかりか伊達*や安東も居る。形だけでも南部の鎧はまだまだ外されぬ。九戸党は八千でも、その背後に四万の南部勢力が控えていると思わせ続けるのが大事なのだ」

それには実親も頷いた。

「一族同士の戦さはまずい。と言って歴《れっき》とした宗家の威勢がないがしろにされては示しがつかぬ。となれば、こっそりと陰で糸を引き、お館（南部晴政）に勢いをつけるしか方策がなかろう。信直が頼みにしている高信という大黒柱を失えば情勢はがらりと変わる」

（高橋克彦著『天を衝く』より）

＊最上
出羽国山形を本拠とする戦国大名

＊伊達
東北地方南部を領有する戦国大名

南部の行く末を見据えていた政実

政実は南部が分裂する危機を回避するため、当主の晴政と対立する信直をたえず牽制していた。信直を支えていたのは、石川高信の存在だった。南部の重鎮として長らく君臨してきた高信のバックアップによって、信直は地位を保っていた。その高信が津軽の大浦為信に攻められ自刃してしまう。

晴政と信直の争いに決着がつかないと、外敵に備え南部を大きくしていくことができない。石川高信が死んで、南部の情勢が一変すると考えていたが、その予想は外れた。思っていた以上に高信の影響が薄れていたか、あるいは、うるさい年寄りが死んでありがたいと思った者のほうが多かったのか。南部が一つになって、高信の弔い合戦をしようという動きもない。これで南部の体面は失われた。最上や伊達は南部の結束が緩んでいると判断しただろう。

元亀三（一五七二）年、晴政が隠居して、信直との確執に一応の和議が成立した。それからおよそ六年が過ぎ、年号も天正と変わった。この六年の間、政実と北信愛は、水面下で常に知恵比べをして争い続けたが、奥州は何とか均衡を保っていた。

目立った動きを挙げると、津軽《つがる》の大浦為信《おおうらためのぶ》が近隣の浅瀬石城《あせいし》、新屋《あらや》城、大光寺《だいこうじ》城などを攻め落とし勢力を広げたこと、そして最上《もがみ》に内紛が持ち上がり、最上義光《よしあき》が父親の義守《よしもり》と弟の義時の連合軍に勝って領主になったぐらいである。

全国的に見れば、この六年は大激動の時代だった。

天正元年正月、甲斐《かい》の武田信玄《たけだしんげん》が上洛《じょうらく》の途中で病没。

天正二年九月、信長《のぶなが》が二万の敵を焼き殺し長島の一向一揆《いっこういっき》に決着をつける。

天正三年には長篠《ながしの》の合戦があり、信長の鉄砲隊の前に、武田の騎馬軍はあっけなく敗れた。

天正五年、乱世をほぼ収束させた信長は、居城を岐阜から安土《あづち》城へ移した。

天正六年三月、信長が最後のライバルと目していた上杉謙信《うえすぎけんしん》が没した。

世継ぎ争いで南部の統率が取れぬまま、政実が無為の六年を過ごしているうちに、時代は信長の手で塗り替えられつつあった。


いたずらに惰眠を貪っていた訳ではないが、南部の統率がいま一つ取れぬまま九戸政実が無為に近い六年を重ねているうちに、時代は織田信長によって大きく作り変えられようとしていたのである。

〈もはや四十三だ〉

若くない。たった二つ年長に過ぎない信長がこの国を一つに纏めようとしている。それを思うと自分の不甲斐無《ふがいな》さに腸《はらわた》が煮えくり返りそうになる。信長には常に運が味方している。もし自分も信長とおなじ立場にあれば、同等のことができたはずだ、と慰めるしかない。己れに腹が立つ。自分も東国に生まれ、若くして一国を預かる身であったなら、必ず信長と一戦交えていたに違いない。その道から外れた己れが何とも口惜《くや》しい。

「くだらぬ連中ばかりだ」

思わず政実は口にした。

「どいつもこいつも愚かしい。こんなしがらみの中で朽ち果てねばならぬと思えば、生きているのさえ厭《いや》になる。守るだけでは、いつか潰されるぞ。この五、六年、確かに南部は珍しく平穏が続いておるが、それは他国の動きに目を瞑っておるだけに過ぎまい。南部の内紛が消えてなくなったというばかりで、断じて一つになったわけではないぞ。すべてを先送りにしておるだけだ。言わば停滞に等しい」

（高橋克彦著『天を衝く』より）

一五八二（天正十）年、南部家当主・晴政《はるまさ》が死去した。病死とされるが、その時期については諸説あり、晴政が世継ぎとした実子の晴継《はるつぐ》も、家督を相続した直後に病死している。私は信直《のぶなお》と信愛《のぶちか》が二人を暗殺した可能性が高いと思っているが、その真偽はともかく、結果的には信直が家督を相続した。

南部家が家督争いをしている間に、戦国の世は大きく動いていた。本能寺の変で信長が倒れ、天下取りの主役となった秀吉は一五八五年、ついに関白となる。

信直が当主となって三年目。天正十三（一五八五）年の正月。信直は一族の主立った者たちを三戸城に召集した。南部の将来についての会合と言われ、政実も出席した。

南部は秀吉に従うべきか否かで、二派に分かれて紛糾を続けていたのだ。

「（北信愛は二人の重臣に告げた）そなたらは儂が政実を遠ざけるのは好き嫌いばかりのことと見ておるのやも知れぬが、それこそ大きな間違いじゃ。（中略）儂の栄達のためでもない。五十年も前の世であれば、たとえ嫌な男であったとしても儂は喜んで政実の下に就く」

南慶儀と東政勝は意外な顔をした。

「だれであろうと南部を栄えさせてくれる者なら文句は言わぬ。じゃが、今の世は違うのだ。秀吉どのの権勢にはなにをしたとて抗えぬ。もはや古臭い武者の世ではない。むしろそれは禍いとなろう。それを見極めたればこそ儂は信直さまを棟梁と選んだ。武者としての器量はむろん政実の方が上。しかし、政実ではこの先を無事に渡り切っては行けまい。意地を張り通して、結局は南部を滅ぼす。（中略）いっときは秋田や最上まで抑える国となるかも知れん。だがそこまでだ。そこまで膨らんだ国を秀吉どのが捨て置くと思うか？　間違いなく何十万もの大軍を陸奥に送り込み、服従を求めて参る。南部は一年と保《も》つまい」

なるほど、と二人は頷いた。

「政実は最初から秀吉に尻尾を振る儂を情けないと嘲《あざけ》ったが、どうしても勝てぬ相手であればその見極めこそ大事。秀吉どのが死ねばまた世の中が変わらぬとも限らぬ。そのときまで南部を潰さずにおくことが儂の務めだ」


（高橋克彦著『天を衝く』より）


政実は一言でいうと、小さな器の中に置かれていたため、自分で自分の器量を計りきれなかった人物だと思う。

北信愛《きたのぶちか》が住んでいた剣吉《けんよし》城跡に行って、小高い丘の天守閣跡に立った時、仰天したのは八戸の港が見えたことだ。政実が支配した九戸、あるいは軽米《かるまい》、*二戸に行ってみると四方を山で屏風のように囲まれている。山に遮られ、その先を見通せない環境の中で生きてきた人間と、いつも海が望めて、その先にまだまだ広い世界が広がっていると分かっていた人間の差は、とても大きいと思った。

九戸政実が、北信愛のように開けた場所で生まれていたら、南部

＊軽米
岩手県九戸郡軽米町

をもっと広い視点で見ることができただろう。だが、その力の大半を南部という小さな茶碗の中で使い果たしてしまった。

政実ほどの武者は、日本中探してもいない。何しろ数多くの戦を経験して、一度として負けたことがないのだ。無敵とも呼べるその強さは、日本の武将の中でもトップクラスだろう。

政実が最初から五万十万の兵を率いていたら、東北はすぐに平定できたと思う。実際には、南部家のつまらない内紛に足を引っ張られた。政実について考えると、それが一番もったいないことだったという思いを抱く。その反面、狭い場所に押し込められていたからこそ、自分自身を突き詰めることができた。内省的な人生を送ってきた人間なので、秀吉の理不尽さをより強く感じたのだろう。

北信愛は外の世界を見ている人間だから、もっと柔軟なところがある。自分などより大きなものがあることが、よく分かっていた。だから平気で信長や秀吉にすり寄り、その配下になることを気にしなかった。

北信愛は信直を南部の当主にするのに成功し、彼の進言によって信直は信長にも接近し、さらには秀吉の援軍を得て政実を退けた。以後、南部は徳川の世となっても安泰の歴史を積み重ね、明治維新まで家を保ち続けた。

「ついに徳川家康どのも秀吉どのと和を成し、駿河《するが》より向こうはほぼ秀吉どのの天下と定まった。ばかりか秀吉どのは内裏《だいり》の信任も篤《あつ》く、この年内には権大納言《ごんだいなごん》よりさらに昇進召され、恐らく太政《だじょう》大臣に任ぜられようとの噂。ここに至ればもはや一日たりとて猶予《ゆうよ》はならぬ。世は秀吉どのに靡《なび》き、そよとも動かぬ情勢。ここでの躊躇《ちゅうちょ》は南部の没落にも繫《つな》がりかねぬ。田中*は加賀に在る前田利家どのを仲介に頼み秀吉どのに南部家の由来書を奏上してはどうかと申して参った。利家どのは秀吉どのの側近とも言うべきお人。皆のご同意あれば、早速にでも由来書をしたため、使者を加賀に遣わそうと存ずる」。**その合議の席で信愛が発言した。**

＊　＊　＊

天正十四（一五八六）年の夏。

五十年の歳月を無事にやり過ごして五十一を迎えた政実《まさざね》の祝いの宴《うたげ》が二戸《にのへ》の城にて盛大に開かれた。世間にはいくらでもある歳《とし》だ。五十の祝いも断わった政実なのに、弟らからその話が出たときに政実は珍しくあっさりと頷いた。南部本家との関係はなにをしても修復できぬくらいに悪化している。津軽《つがる》とおなじように独立するしか道はないように思える。今年を区切りとして政実は新しい道に進もうとしていた。そういう思いとこの祝いが重なったのである。こうした宴であれば二戸に人を呼び寄せることができる。そこに喜んで顔を出してくれる者が政実にとっ

＊田中　南部に京坂の情報をもたらす商人

て今後の大事な要となる。

（高橋克彦著『天を衝く』より）

一五九〇年、最後まで服従を拒否していた後北条氏を攻め、小田原城を制圧した秀吉は関東一円を支配下に入れた。秀吉は小田原征伐に当たり奥羽の諸勢力に参陣を命じ、信直はこれに応じて参戦した。秀吉は小田原に駆けつけなかった葛西、和賀、稗貫などに対し、領地を没収するいわゆる「奥州仕置」を断行した。

秀吉が小田原城を制圧したのは七月十三日のこと。その四日後には奥州仕置を実施するため会津《あいづ》へと軍を進めた。小田原攻めは奥州仕置の布石に過ぎなかった。奥州の喉元まで大軍を進め、その力を見せつけることで、戦わずに奥州を平定しようという作戦である。

傲慢にも、小田原に参陣しなかった者は敵と秀吉は決めつけた。会津に向かう途中の宇都宮《うつのみや》で、秀吉は新たに

1560年	桶狭間の戦い（5）
1575年	長篠の戦い（6）
1582年	南部晴政・晴継死去（2）
	本能寺の変（6）
1590年	小田原北条氏滅亡（7）
	豊臣秀吉奥州仕置（8）
1591年	九戸政実、挙兵（1）
	九戸政実、斬首される（9）
1592年	文禄の役（朝鮮出兵）（4）
1597年	慶長の役（朝鮮再出兵）（1）
1598年	醍醐の花見（3）
	豊臣秀吉死去（8）

配下となった奥州の諸大名に領地を安堵する朱印状を手渡した。信直も斯波《しば》、稗貫《ひえぬき》、和賀《わが》、閉伊《へい》なども含めた北奥州の大半を領地として認められた。税を納める目安となる検地をも信直は受け入れ、代わりに陸奥の代官に相当する地位にのし上がったのだ。

会津入りした秀吉は、すぐさま奥州仕置の対象となる国と、大名の新たな配置換えを発表した。葛西晴信《かさいはるのぶ》*や大崎義隆《おおさきよしたか》*など、小田原攻めに参加しなかった大名の領地は没収。和賀の和賀信親《のぶちか》*と稗貫輝家《てるいえ》*も同様の処分を受け、二人の領地は信直に授けられた。

伊達政宗《まさむね》は小田原に駆けつけるのが遅れたのが祟って、領地の三分の二を取り上げられてしまう。没収された会津には秀吉の側近の蒲生氏郷が、葛西と大崎の領地には、やはり秀吉の側近の木村吉清《きむらよしきよ》が入ることとなった。これで政宗は北と南を秀吉の側近に挟まれてしまった。秀吉は野心家の政宗を信用していなかったのだ。

秀吉は軍監の浅野長政《あさのながまさ》に後事を託すと、早々に京都に引き返した。もはや自分に逆らう者などいるはずがないという自信の現れである。

政実は、信直が秀吉に南部の支配権を、あっさり渡したことに憤りを覚えたに違いない。

八月、軍監の浅野長政は花巻の城へ入り、二カ月ほど滞在してから京へと戻った。長政が滞在中にしたのは、南部の主立った者を集

＊葛西晴信、大崎義隆、和賀信親、稗貫輝家　現在の岩手宮城両県に居た戦国大名

め、信直への主従関係を確認したことだけだった。政実は腹の内を隠して花巻の城に参上した。秀吉は伊達政宗の心を見定めるまで、強引な真似はしないだろうと、政実は踏んでいた。案の定、政実は格別咎められることもなく、二戸城の取り壊しも命じられなかった。

信直と対決すれば、最終的には秀吉を相手にすることは分かっていた。だからまず最初に南部家との関係を絶った上で、信直に戦を仕掛けようと考えていた。

秀吉に対抗できる東北の武将だと見込んでいた伊達政宗も、状況判断を誤って攻勢にでるチャンスを逸していた。そのため政実はたった一人で、秀吉に叛旗を翻すこととなる。

政実の南部家離脱

一五九一年の正月、九戸政実は南部本家に永の暇乞いを告げた。だが、政実は南部に謀反を起こしたのではない。中央権力の横暴に対して、蝦夷《えみし》の気概を示すために立ったのだ。

政実の名代ということで原田*は新年の祝宴の席に案内された。(中略)頭を下げてから原田は片袖を脱いだ。広間に驚きの声が上がった。原田は衣の下に白い死装束を纏《まと》っていたのである。当

＊原田
九戸政実の右腕ともいうべき重臣

惑の声の広がる中、原田はゆっくりと袴《はかま》の紐も解いた。

「なんの真似だ。無礼であろう」

すっかり死装束となった原田を信愛が睨《にら》み付けた。廊下には槍を手にした者たちが早速に駆け付けている。

「もとより命は捨ててござる」

原田は気にせず座り直した。

「本日は主人九戸政実になり代わり、本家に対する永の暇乞《いとまご》いを願いに参上つかまつりました。（中略）今となっては秀吉さまのお力添えもあって南部は一つに纏まりかけておりまする。ここで九戸党一つが欠けたところでさしたる乱れにはならぬはず。そう見たればこそ政実も頃合と考えて暇乞いを願いに参りました。これまでの不都合とて、互いの信念の違いより生じたこと。言い分はもちろんござりましょうが、両成敗ということで暇乞いをお許しくだされたく存じまする」

「両成敗とはなにごとじゃ！」

信愛が声を荒げた。皆もいきり立つ。

「九戸党抜きの合議がしばしば開かれており申した。政実は後で聞かされるばかり」

原田は怯まずに続けた。

「合議にも出られぬ身では南部の一族と胸を張ってはいられますまい。政実にも意地というものがございます」

（高橋克彦著『天を衝く』より）

信直と決別した政実のもとには、秀吉の奥州仕置に反発する者、葛西や和賀の勢力、さらに七戸家国、*八戸政栄と対立してきた櫛引清長*らが加わった。いずれも秀吉の傲慢なやり方に腹を立てていた者ばかりである。

政実がまず攻めたのは、信直が頼りとする南一族の居城・浅水城だった。守りの堅い城として知られた浅水城の主を失ったのは、信直信愛にとって大きなダメージだった。

秀吉は以後の見せしめとするため、信直への援軍を決めた。先陣は伊達政宗で、一揆が横行する葛西と大崎に、豊臣軍の進軍路を切り拓くよう命じられた。政宗はたちまちの内に葛西と大崎を制圧、続いて豊臣軍の本隊も北上してきた。

援軍の規模は半端ではなかった。総大将は関白の豊臣秀次、指揮官に蒲生氏郷、軍監として浅野長政、ほかに徳川家康、上杉景勝らを配するという堂々たる陣容だった。総兵力はおよそ十万。

秀吉は兵の数で圧倒して、戦わずに勝利を得た小田原攻めを再現

＊七戸家国、櫛引清長　南部家家臣、政実と最後まで行動を共にした

するつもりだったろうが、それにしても尋常ではない。そもそも南部の一支族でしかない九戸政実と、関東一円を支配していた北条氏とでは領土の大きさが違う。この戦を最後に秀吉は自分に対する抵抗をいっさい終わらせるつもりもあったのだろう。

中野（現在の盛岡）の城では二戸城攻めの合議が開かれていた。天正十九（一五九一）年八月も末のことである。上座に陣取っているのは討伐軍の采配を任せられている蒲生氏郷、その両脇に居並ぶのは武者大将に任じられている堀尾吉晴《ほりおよしはる》と総奉行の浅野長政、それから順に一万五千の兵を引き連れて加勢に駆け付けている家康の重臣井伊直政《いいなおまさ》や蒲生の諸将が巨大な絵図を睨む形で胡坐《あぐら》をかき、南部信直、北信愛、中野修理の三人は氏郷と対面する位置に居る。

「こうして合議などするまでもないの」

氏郷は席が落ち着くと笑った。

「いかに堅牢であろうと敵は五千。我らは八万に近い。この数が揃って城の周囲に陣を敷き、旗を打ち立てればそれでけりがつこう。攻める策など無用。取り囲んで降伏の使者を遣わせば半日やそこらで終わる」

いかにも、と将らは笑いで応じた。

「九戸政実、そういう者にはござりませぬ」

信直は首を横に振った。

「秀吉さまの援軍が参るを承知で仕掛けて来た戦さ。覚悟をつけておりまする」

（高橋克彦著『天を衝く』より）

政実の側としては、大挙して押し寄せる秀吉軍に対抗する策は籠城しかない。二戸城は五千の兵で一年の籠城に耐えるよう改修されていた。九戸党と、その下に参集した七戸、櫛引などの軍勢は一万に及んだとみられるが、これを政実はあえて五千に減らした。籠城を翌年の春までもたせる意図があったと思われる。

政実が示した蝦夷《えみし》の意地

秋になって、秀吉軍は二戸城を見下ろす場所に陣を張り、攻め込む態勢を整えた。井伊直政と南部信直が最初に行なった襲撃は、あえなく失敗に終わった。さらに城の西側を守る馬淵川を渡って攻めようとしたが、三千の兵の半数近くが死傷する結果となった。

この戦いで有名なのが、空濠と思わせておいた濠に、こっそり水を入れ、籾殻や木の葉で水面をおおって誘い込み、鉄砲や弓で大きな損害を与えた戦法だった。これは安倍貞任の弟が厨川《くりやがわ》の柵の近くで源頼義軍に痛手を負わせたやり方と同じだった。九戸政実は、意識的に安倍一族と同じ策をとることで、自分が蝦夷《えみし》であることを示したのかも知れない。

二戸城を包囲する豊臣軍には、会津に移封された蒲生氏郷がいた。その本陣には一万五千の兵がいる。蒲生を襲うことで、九戸党が異議を唱えている相手は、信直ではなく秀吉だと明確にするというのが政実の考えだった。だから、厳重に包囲されているにもかかわらず、あえて蒲生勢を城に引き込んで、大きな痛手を負わせた。九戸政実と、その下に参集した陸奥の武将たちの戦いの根底には、蝦夷の意地があったのである。

陸奥《みちのく》に暮らす者は、すなわち蝦夷である。上方から攻め寄せた秀吉の軍勢が、政実軍を侮っているのは、彼らを蝦夷と思ってのことだったろう。政実が源氏の血筋だとも知らず、蝦夷と変わらぬ田舎武者とみなしているのだ。

そもそも陸奥に暮らす武者に対して敬意があれば、撫《な》で切り令という問答無用の仕打ちをするはずがない。家来になった訳でもないのに、最初から秀吉は陸奥は自分の領地だと勝手に決め込んでいる。これでは、かつて朝廷が蝦夷にしたことと何も変わりない。

「年甲斐もなく胸が弾んでならぬ」

七戸家国に皆は大笑いした。

「こんな戦さをした者が他におろうか？」

七戸家国は誇らしげに言った。

「五千に十万じゃぞ。その十万が総攻撃を仕掛けて参る。小田原攻めも二十万で囲んだと聞いておるが、結局は攻める前に北条が白旗を掲げた。我らが最初で最後であろうよ」

うーむ、と皆は唸った。

「だれが聞いたとて勝てぬ戦さ。じゃが政実どのの策なれば分からぬ。この場合、敵を追いやれば我らの勝ち。これぞ武者の生きる道と申すべきであろう。今日の戦さは千年も二千年も語り継がれるに相違ない。それを思えば己れの命など惜しくない。今日のこの場におられることを仏に感謝いたしたい。儂《わし》のような田舎武者には過ぎた死に場所。我らはたったこれだけの数で秀吉に立ち向かっておる」

広間にざわめきが広がった。七戸家国に言われて今日の戦さの意味が分かったのである。

「勝つばかりが武者の誉れではないぞ」

七戸家国は声を張り上げて続けた。

「己れの命の値を相手がどれほどに見るかということも大事じゃ。秀吉は我らに十万を差し向けた。ありがたく受けねばならぬ」

おおっ、と皆は拳を上げて床を叩いた。

「勝てばよし。負けても恥とならぬ。我らの武勇は末代まで残ろう」

さらに床を叩く音が強まった。

〈本当に勝てそうだな〉

政実は頬を紅潮させている皆を見渡して七戸家国同様に胸の高鳴りを覚えた。この瞬間、皆は死を忘れてしまっている。もともと死を覚悟で集ってくれた者たちだが、今の顔は覚悟とも違う。心を無にしている。

「我ら一人の問題ではない」

政実が口にすると広間は静まった。

「また、敵とて秀吉一人ではない。（中略）いつの世にも秀吉と変わらぬ理不尽な者が現われよう。それに対して我らは抗うのだ。未来永劫《みらいえいごう》、我らの戦さが範となる」

皆はどっと泣き伏した。天井に向け、手放しで泣いている者もある。

「簡単には死ぬな」

櫛引清長が立ち上がって皆に叫んだ。

「敵の矢弾を受けたとて踏み止どまって一太刀を浴びせるのだ。その一念で守りにつけ」

わっ、と皆も立ち上がった。

「戦さと決めて……ようござりました」

実親はぽろぽろと涙を零《こぼ》し政実に言った。

（高橋克彦著『天を衝く』より）

政実を攻めあぐねていた豊臣軍は、秀吉の叱責を恐れ、何とか戦いを終わらせようと策を練った。二戸城の開城を促す使者に選ばれたのは、九戸一族の菩提寺である長興寺の薩天和尚《さってんおしょう》だった。薩天和尚は、政実と主立った武将が投降すれば、二戸城の兵は全て許すと約束されたので、使者の役目を引き受けたのだ。政実は薩天の説得に応じて投降を決意する。

だが、豊臣軍は約束を反故にして、城内の九戸一党を皆殺しにした。政実ら投降した者は、秀吉に対する謀反人として、栗駒山の麓の三ノ迫に陣を敷いていた豊臣秀次のもとで首を刎ねられる。

豊臣軍に利用された薩天和尚は、南部家菩提寺で自害したと伝えられる。私は『天を衝く』を終える部分に、その胸中を思って次のように書いた。

薩天が単身で信直の居る三戸に向かい、雪の降り積もる大手門の前で舌を噛み切って死んだのは政実の死んだ日から数えて四十九日に当たる日のことだった。

せっかくそこまで行きながらなにも言わずに舌を噛み切ったのは、信直に対してもはやなにを言うつもりもないという意思を示したものかも知れない。

（高橋克彦著『天を衝く』より）

『天を衝く』は、十万の兵を相手に、たった五千で城を守り切った古今無双の男、九戸政実の希有な戦を描いてみたいと思って始めた仕事だった。それが足掛け七年にわたる連載となってしまった。

長く政実と付き合っているうちに、奇跡的な籠城戦の勝利（薩天和尚の説得で投降したので、戦には負けていない）は、東北の武者たちの政実に対する思慕と尊敬が実現させたものと思えてきた。政実がもう十年早く、そして南部の本家に生まれていたら日本史は変わっていた。伊達政宗が出てくる余地がないほど、東北を席巻していただろう。

決して負けてはいないのに、これ以上の犠牲を増やしたくないという思いから投降し、裏切られて惨殺されたところも、阿弖流為《あてるい》によく似ている。

南部氏城館

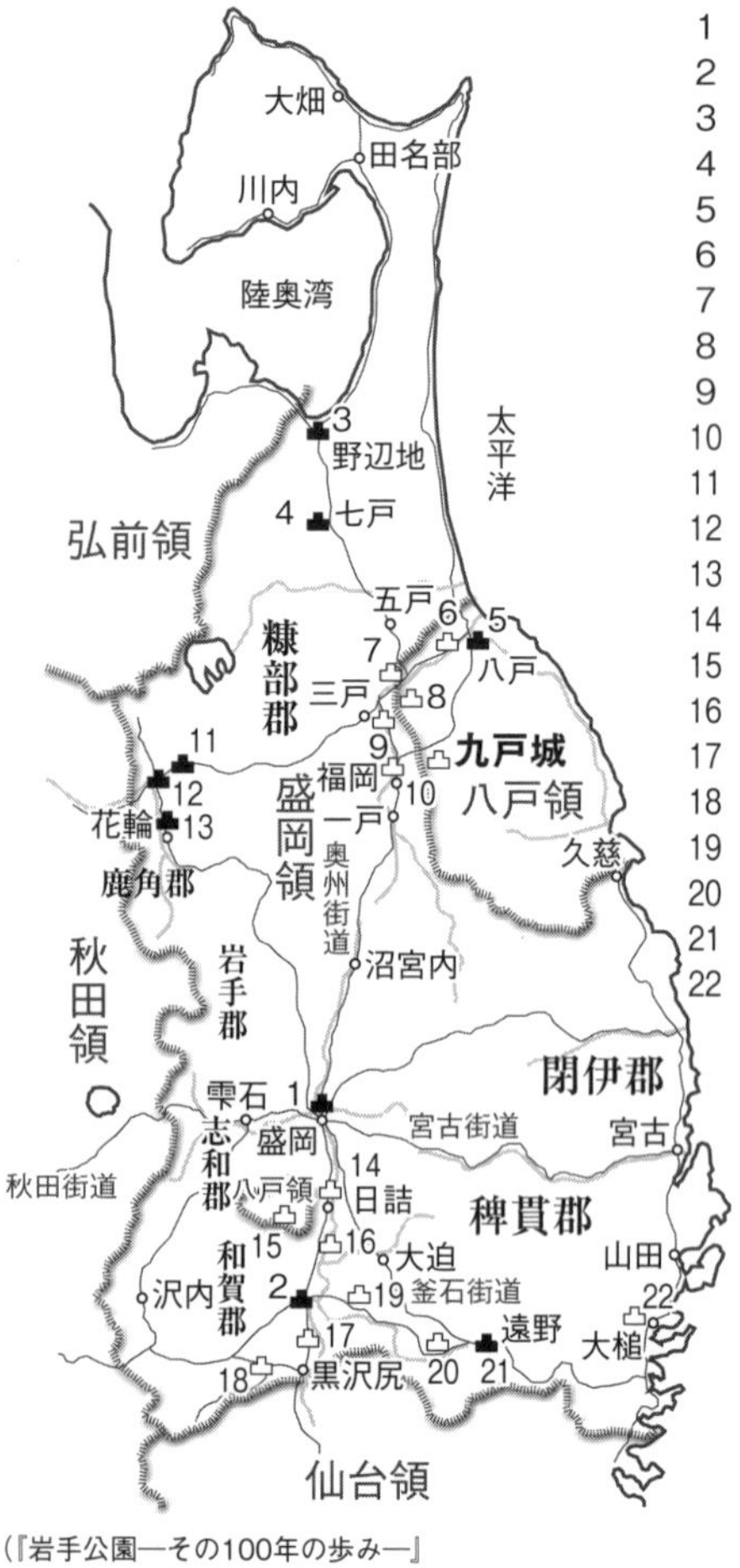

1　盛岡城（本城）
2　花巻城（枝城）
3　野辺地城（要害屋敷）
4　七戸城（要害屋敷）
5　八戸城
6　根城
7　剣吉城
8　名久井城
9　三戸城（旧本城）
10　福岡城
11　大湯館
12　毛馬内城（要害屋敷）
13　花輪城（要害屋敷）
14　郡山城
15　片寄城
16　新堀城
17　二子城
18　岩崎城
19　土沢城
20　増沢城
21　遠野城（要害屋敷）
22　大槌城

幕末まで存続した城館
幕末以前に廃城になった城館

（『岩手公園―その100年の歩み―』
盛岡タイムス社刊ほかを参考に作成）

第六幕

失ったのは誇り

新撰組を擁して京都の警護にあたった会津は、
薩長新政府の憎悪の的となっていた。
会津に対する理不尽な扱いが東北の魂に火をつけ、
奥羽越列藩同盟に発展する。
しかし、官軍の圧倒的な火力の前に、同盟諸藩は次々と敗れ去った。
「戊辰戦争《ぼしんせんそう》」と名付けられた内戦で、
東北の誇りはまたも踏みにじられたのである。

土方歳三と戊辰戦争《ぼしんせんそう》

これまで戊辰戦争に関わる小説を書いたことはない。だが、戊辰戦争に関わった土方歳三《ひじかたとしぞう》の生き方は、いつか書きたいと思っている。

京都時代の新撰組としての土方と、江戸に戻って会津から箱館と転戦して亡くなるまでの一年間の土方では、イメージがまったく違う。それは何故か?

土方が東北の魂に触れたことが大きな理由ではないか、と私は思っている。土方は会津若松に落城直前まで留まり、会津人たちの戦を見ている。北海道に渡ってからは、沢山の東北の兵たちと触れ合っただろう。そうしたなかで土方の人生観は変わっていったに違いない。

新撰組での土方は仲間だけが大事だった。近藤勇らと、時代の波に翻弄される新撰組という小さな船の舵を取り、転覆させせまいと必死で働いていた。

江戸から敗退して会津若松に行った時、理不尽なことは決して許してはいけない、駄目なことは駄目なのだ、という会津人の徹底した考え方、そして個というものを消し去る生き方に触れた。

「ならぬことはならぬものです」

この会津の言葉は、阿弖流為《あてるい》や九戸政実《くのへまさざね》らが、ずっと抱いてきた思いでもある。彼らが中央の権力に対して立ち上がった理由こそ「ならぬことはならぬものです」だった。

「ならぬこと」とは何かが問題だ。東北の人は何事に対しても最後の最後まで我慢するのだが、そこにも超えてはいけない「ならぬこと」がある。松平容保《まつだいらかたもり》公の命を差し出せ、という薩長の主張がそれだった。

それまでひたすら恭順の意を示していたにもかかわらず、藩主の首を求められたことで、会津人たちの我慢は限界を超えた。会津に対する理不尽な仕打ちから、奥羽越列藩同盟すなわち東北の民と、新たに中央で権力を握った薩長新政府との戦いが始まる。

松平容保《まつだいらかたもり》の京都守護職就任

一八五三年六月、浦賀沖にペリー率いるアメリカ海軍の蒸気船二隻、大型帆船二隻がやって来たことで、江戸幕府は大きく揺れ動いた。

ペリーが持参したアメリカ大統領フィルモアの国書は、実質的に武力を背景とした開国要求だった。当時の老中・阿倍正弘（福山藩主）は、諸大名や幕臣にペリー来航に関して報告するとともに、どのように対処すべきかの意見を求めている。身分の上下にかかわらず、蘭学・兵学に通じた勝海舟をはじめとする優秀な人材の登用にも腐心した。

制度劣化した幕藩体制下で、各藩は莫大な借金を抱え末期的状況にあった。また、十三代将軍・家定《いえさだ》の跡目争いに絡んで、諸藩の権力争いもみられる。

黒船来航は、幕府の下で様々な思惑を抱えながら、密かに力を蓄えてきた雄藩を行動に駆り立てるインパクトを持っていた。

一八五八年、大老に就任した彦根藩主・井伊直弼《いいなおすけ》は、孝明天皇の勅許を得ないまま日米修好通商条約に調印。孝明天皇の怒りを買い、幕府と朝廷が反目することになった。

徳川家の後継争いに絡んだ対立から、朝廷の存在感が大きくなる。吉田松陰、橋本左内らが処刑された安政の大獄を経て、一八六〇年三月、井伊は桜田門外で水戸や薩摩の浪士たちに暗殺された。

混乱した政治状況から、京都では「天誅」と呼ばれる暗殺事件が頻発。そのため将軍直属の軍事・警察を担当する京都守護職が創設された。トップ就任を打診され、会津藩主・松平容保《かたもり》は辞退したが、越前藩主・松平春嶽《まつだいらしゅんがく》に押し切られ、一八六二年に京都に赴いた。

容保が京都守護職を引き受けたのには、会津藩の初代藩主・保科正之《ほしなまさゆき》の定めた「家訓」が影響している。「家訓」の第一条は、自分の家を差し置いても本家である徳川家に忠義を尽くすべし、というものだ。京都守護職就任がのちの戊辰戦争の悲劇につながることとなる。

翌一八六三年、将軍として二二九年振りに京都入りした家茂《いえもち》は、孝明天皇と岩清水八幡宮に参詣し、攘夷を祈願した。松平容保は公武合体を進めようと、倒幕派との和議を模索した。その一方で、容保の配下にあった新撰組は、尊王攘夷派を相次いで暗殺する。

有名な池田屋事件*が起きた時、会津と薩摩は連携して長州と敵対していた。薩摩と長州の間を取り持ったのは、坂本龍馬だった。その後、会津と薩摩のパイプ役となっていた秋月悌次郎《あきづきていじろう》が会津に戻ったことから、せっかくの両者の関係が途絶えてしまう。

一八六六年七月、家茂死去。同年十二月、公武合体論者だった孝明天皇が死去。これにより十五歳だった明治天皇を担ぎ出した倒幕派は一挙に軍事行動に出る。

新たに将軍となった十五代将軍・徳川慶喜《よしのぶ》は、一八六七年十月十四日、大政奉還に踏み切ることで公武合体を実現しようとした。しかし倒幕派はすでに前日、武力征伐を決議、岩倉具視は薩長両藩に慶喜と松平容保を「誅戮《ちゅうりく》」（罪人を殺す）せよとする密勅を与えていた。

大政奉還が上表されたのち、徳川家を京都で支えてきた松平容保と、その弟で京都所司代の松平定敬《まつだいらさだあき》（桑名藩主）は、岩倉具視《いわくらともみ》らが開いた小御所会議（一八六七年十二月）に呼ばれなかった。

幕府を倒したあとの新体制に向けた合議から、会津は完全に外されたのだ。

＊池田屋事件
一八六四年六月五日、京都の旅館池田屋にいた、長州・土佐等の尊皇攘夷派の志士を新撰組が襲った事件。この事件がきっかけで長州藩が挙兵・上洛し禁門の変を起こした

鳥羽・伏見の戦いと江戸城無血開城

大政奉還後、薩摩は江戸で幕府に対して露骨な挑発行動を取った。このため江戸を警備していた庄内藩を中心とする兵が薩摩藩邸を焼き討ちにする。

慶喜は朝廷に上表《じょうひょう》（文書を差し出す）し、京都で薩摩を討つことを表明した。これが倒幕派に武力行使の口実を与えた。倒幕派は慶喜が武装して上洛すれば、朝敵とみなすという理屈を得たのだ。

慶喜をいただく幕府軍は、諸大名に参戦を求めた。

一八六八年正月、慶喜が拠点とする大坂城から京都へ進撃する際、会津藩と桑名藩はその先陣を命じられた。

京都入りのルートである鳥羽伏見で待ち受けていた薩摩の猛攻により幕府軍は敗走する。その後、慶喜は松平容保《かたもり》、定敬《さだあき》の兄弟を伴って、密かに船で大坂を脱出。これを追って、榎本武揚《えのもとたけあき》は大坂城に残されていた金十八万両、刀剣などを幕府の艦船に運び、土方歳三を含む新撰組の隊士たちを乗せ、江戸へ向かった。

その直後、慶喜の追討令が出される。

諸藩は「新政府」に対する態度を明確にすることを要求された。

その一カ月ほどあと、慶喜は鳥羽・伏見の戦いの責任者として、老中らを罷免するなどの処罰を実施し、上野寛永寺に入って朝廷への恭順を示した。

1853年	ペリー浦賀来航（6）
1854年	日米和親条約（3）
1858年	日米修好条約（6）
	安政の大獄始まる（9）
1860年	桜田門外の変（3）
1867年	大政奉還（10）
	王政復古の宣言（12）
1868年	戊辰戦争が京都郊外の鳥羽・伏見で勃発（1）
	新政府、慶喜追討令を発令（1）
	仙台・盛岡藩に会津討伐命令（1）
	五箇条の御誓文発布（3）
	江戸城開城（4）
	奥羽越列藩同盟成立（5）
	九条総督一行、盛岡に入り、滞在（6）
	九条総督一行、秋田へ。秋田藩同盟を脱退。仙台藩、秋田藩征伐を盛岡藩に要請（6）
	弘前藩同盟を脱退（7）
	米沢藩降伏（8）
	新政府軍、会津若松に攻め込む。白虎隊の悲劇（8）
	米沢藩降伏（9）
	仙台藩降伏（9）
	天皇が京都を出発、10月13日に江戸に着き、江戸城を東京城とする
	若松城落城し、会津藩降伏（9）
	盛岡藩・長岡藩降伏（9）
	庄内藩降伏（9）
	榎本軍箱館を占領し、五稜郭に入り政権樹立を宣言（10）
1869年	新政府軍が五稜郭への攻撃を開始（5）
	榎本らは正式に新政府軍に降伏し、戊辰戦争が終結（5）

当時、寛永寺貫主・日光輪王寺門跡であった皇族、のちの北白川宮能久親王《きたしらかわみやよしひさ》に朝廷への謝罪・嘆願を取り次いでくれるよう慶喜は願い出ている。

新政府側の西郷隆盛と、幕府側の実質的最高責任者となっていた勝海舟《かつかいしゅう》は旧知の仲で、共に無用の流血を避けたい思いを抱いていた。

二人の会談の結果、慶喜の水戸謹慎などを条件に、江戸城無血開城が実現。同時に慶喜は水戸に退く。寛永寺に移ってから二カ月ほどのちのことだった。

新政府に不満を抱く幕臣らは彰義隊を結成して、寛永寺周辺に展開していた。無血開城の知らせにより、「新政府」との対決を主張する強硬派が主導権を握ることになる。

無血開城に持ち込んだ西郷隆盛への批判は新政府側にもあった。幕府側勢力を叩きのめさなかったのが、面白くなかったのであろう。この時点で、幕府の艦船は武闘派の榎本武揚が掌握しており、新政府は手出しできなかった。

新政権に刃向かう彰義隊《しょうぎたい》の制圧を任せられたのは大村益次郎《おおむらますじろう》。蘭学を学び、適塾《てきじゅく》*で塾頭を務めた益次郎は、兵学にも優れ、幕末の長州藩躍進の一翼を担った人物である。益次郎は彰義隊殲滅の綿密な作戦を立て、最新鋭の大砲で猛砲撃を加えた。彰義隊は瞬く間に壊滅。わずかに生き残った残党は、榎本武揚が率いる軍艦に乗り込み逃亡した。

---

*適塾
緒方洪庵が開設した蘭学塾、福沢諭吉、大島圭介など多くの人材が輩出

大政奉還前後の東北

江戸末期、東北の各藩は尊王攘夷か佐幕かで揺れ動き、どちらに付くべきか思い惑っていた。そうした中で会津藩は、徳川家への忠誠を貫き続けた。

徳川慶喜が大政奉還した際にも、その決断を尊重し、新政府に抵抗するどころか、命じられたことにはできる限り応じるという姿勢をみせた。にもかかわらず、新政府は将軍家よりむしろ会津が憎いと言わんばかりに、松平容保の命を求めるなど、理不尽な要求をした。

戊辰戦争は、会津藩が新政府のターゲットとされたことから始まった。この時点では、阿弖流《あてる》為《い》から九戸《くのへ》政実《まささね》までに見られたような、東北と中央が対立した構図とは違っている。

しかし、新政府に恭順を示した会津に対する仕打ちは、あまりにも非道だと、東北の人たちに思わせるものだった。会津への仕打ちを見過ごすことは、同じ武士として許せないという思いから、東北が官軍*と対立する流れになっていった。

もともと会津には「ならぬことはならぬものです」の教えがあるように、間違ったものに対して抗《あらが》う気持ちが強かった。会津が官軍と全面対決することになった時、阿弖流為《あてるい》の時代から連綿と東北

＊官軍
新政府軍は旧幕府軍を賊軍と呼び、錦の御旗を掲げた自らを官軍と称した

に伝わる理不尽に抗う心に火がつき、賊軍と卑しめられながらも抵抗を続けていった。

奥羽越列藩同盟

松平容保《まつだいらかたもり》が京都守護職にあった頃、庄内藩は江戸市中の取り締まりを命じられており、薩摩藩邸焼き討ちでは中心的な役割を担った。また慶喜の大政奉還を受けて、仙台藩と長岡藩は戦乱を避けるよう建白書を出した。長岡藩は鳥羽・伏見の戦いで幕府側に参戦している。

鳥羽・伏見で敗れた後、松平容保は会津に戻り、弟の定敬《さだあき》は桑名藩が新政府軍に降伏していたことから、桑名藩の領地だった越後・柏崎に逃れた。容保は隠居して新政府への恭順を示したが、受け入れられなかった。

京都守護職配下の新撰組に多くの藩士を殺されていた長州は、その恨みを会津藩に向けていた。また会津も藩内では主戦派が強かったこともあり、容保も新政府軍に対抗すべく、軍制の近代化を急いだ。これにより十六歳から十七歳の白虎隊《びゃっこたい》、十八歳から三十五歳までの朱雀隊《すざくたい》などが組織された。

やがて京都にいた仙台藩家老に会津藩討伐令が出された。続いて盛岡藩（南部家）江戸家老にも、会津討伐が命じられる。

仙台藩は会津藩赦免を求める建白書を出したが、すでに新政府は奥羽鎮撫軍《おううちんぶぐん》の出兵を決めていた。鎮撫軍は江戸城無血開城の半月ほど前に仙台に到着している。

仙台藩は会津討伐に躊躇していた。藩主・伊達慶邦《だてよしくに》は、会津赦免の道を探ろうとして会津藩と接触した。会津藩が出した謝罪嘆願書には降伏の文字はなく、「首謀者」の首級を差し出すとは書かれていなかったため、新政府は受け入れなかった。

仙台藩は勝海舟、西郷隆盛にも会津藩赦免を働き掛けたようだが、いずれも実を結ばなかった。庄内藩は薩摩藩邸を焼き討ちしていることから、いずれ新政府軍の攻撃があると覚悟していた。予想通り、奥羽鎮撫軍は、天童藩、山形藩、上山藩などの勢力と共に、庄内藩に攻め入った。ここから会津、庄内両藩が連盟して、さらに奥羽越列藩同盟へと発展していく。

会津藩が朝敵とされたのも、元はといえば幕府の命令で京都守護職を引き受けたことによるものだ。庄内藩も同様に、幕府に命じられ江戸市中の取り締まりに当たっていた。いずれも徳川家への忠誠を貫いた訳で、その結果として、江戸幕府から見れば反乱軍であった倒幕派と敵対することになった。

江戸幕府、つまりそれまでは「中央」の支配者の征夷大将軍に従っていた東北の諸藩は、新たに「中央」となった薩長の新政権により、討伐の対象とされたのである。古代よりずっと中央によって簒奪《さんだつ》されてきた東北は、中央の支配者が代わっても、やはり簒奪の対象であることに変わりなかった。それは明治維新でも同じだったのである。

慶喜が寛永寺を出て水戸に向かった日、仙台藩の白石城では奥羽越列藩同盟の会議が行なわれた。仙台、米沢をはじめ十四藩が集まり、会津藩と庄内藩の赦免嘆願書が作成され、奥羽鎮撫総督に提出したが却下された。新政府側と和平を模索する交渉も、ついに両者が合意することはなかった。

一カ月後、北越の長岡藩などが加わり、三十一藩による奥羽越列藩同盟ができた。白石城に奥羽北越公府を設置し、榎本武揚らも参加した。しかし、名を連ねた藩の中には日和見的な参加や、藩内の意思統一のないままに加盟したところも多く、新政府に断固対抗するという堅い結束があった訳ではなかった。

長岡藩では財政改革に功績を上げ家老上席に就いていた河井継之助《かわいつぐのすけ》が、対外的には中立とみせながらも、新政府への恭順には否定的だった。新政府軍は会津討伐に加わるよう長岡藩に命じて拒否されたため攻撃を開始。長岡藩には会津軍、柏崎の松平定敬らの桑名藩士、そして列藩同盟の兵が加わり、新政府軍を小千谷《おぢや》まで撃退。そこから長い戦闘状態に入る。

上野で彰義隊が大敗したことから、寛永寺にいた輪王寺宮公現法親王《りんのうじのみやこうげんほうしんのう》（のちの北白川宮能久親王）が会津に逃れてきた。奥羽越列藩同盟は親王を盟主に仰いで「奥羽北越公議府」を設ける。これで「中央」に対向する奥羽政権とも呼べる体制ができた。

しかし、その直前には同盟を守るべきか否かで揺れていた秋田藩が支藩と共に離脱してしまう。

会津戦争

北上する官軍と列藩同盟軍の、最初の本格的な戦いは白河城の攻防だった。江戸城無血開城の直後に攻め入った新政府軍は、城番を務めていた二本松藩を中心とする同盟軍側に撃退された。しかし、わずか一週間ほどのちに圧倒的な火器をもって再度攻撃を仕掛けた官軍に、兵力では三倍もあった列藩同盟軍が敗れる。ここから列藩同盟軍は敗北を重ねることとなる。新政府軍に対して一時は優勢を保った長岡藩でも長岡城が落城、敗残兵は会津へ向かって逃走した。

同盟に参加していた主要な藩が脱落していき、官軍は会津藩に一挙に襲いかかった。冬になる前に決着をつけようと、官軍は奥州街道から最も急峻な母成峠《ぼなりとうげ》を通って会津若松に攻め入った。この方面は防備が手薄だったため、あえなく突破され、次々に要衝を落とされていく。

こうした戦況から急遽召集された白虎隊は、飯盛山から城下が炎に包まれている様子を見て、もはやこれまでと思い込んで自決を選んだ。さらに城中では非戦闘員である女子供、老人にも自決した者が少なくなかった。

同盟軍の米沢藩は降伏、庄内藩も帰順を決定した。孤立無援となった会津藩に、米沢藩から降伏を勧める使者が訪れたのは、一八六八年の秋だった。会津藩は降伏し、謝罪文を提出。松平容保の助命の代償として、家老の萱野《かやの》権兵衛《ごんのひょうえ》が腹を切った。

会津藩士は賊軍とされ、遺骸の埋葬は禁じられた。白虎隊の少年たちを含む会津藩士の遺骸は、放置されたまま野犬や鳥に食い荒らされ、無惨な姿をさらし続けた。埋葬が許されたのは半年ほど経てからで、それも藩の処刑場があった寺に運び込むという犯罪人同然の扱いだった。

米沢藩・仙台藩の降伏に続き、会津藩・長岡藩、

戊辰戦争諸藩没収地一覧（総計935,800万石）

藩主（藩名）	石高（石）	削封高（石）	新高（石）
伊達慶邦（仙台）	625,600	345,600	280,000
松平容保（会津）	285,000	255,000	30,000
南部利剛（盛岡）	200,000	70,000	130,000
丹羽長国（二本松）	100,700	50,700	50,000
酒井忠篤（庄内）	170,000	50,000	120,000
牧野忠訓（長岡）	74,000	50,000	24,000
阿部正静（白河）	100,000	40,000	60,000
上杉斉憲（米沢）	180,000	40,000	140,000
久世広文（関宿）	58,000	5,000	53,000
松平信庸（上山）	30,000	3,000	27,000
田村邦栄（一関）	30,000	3,000	27,000
酒井忠良（松山）	25,000	2,500	22,500
板倉勝尚（福島）	30,000	2,000	28,000
本多忠紀（泉）	20,000	2,000	18,000
織田信敏（天童）	20,000	2,000	18,000
岩城隆邦（亀田）	20,000	2,000	18,000
内藤政養（湯長谷）	15,000	1,000	14,000
南部信民（八戸）	20,000	1,000	19,000
水野勝知（結城）	18,000	1,000	17,000
林　忠崇（請西）	10,000	10,000	

（佐藤竜一『それぞれの戊辰戦争』より。佐々木克『戊辰戦争』を参考に作成）

ついに庄内藩も降伏し、奥羽越列藩同盟は崩壊した。そして、各藩は前頁の表のように大幅に領地を没収された。

一八六九年、会津松平家は容保の子、容大《かたはる》が家名存続を許され、下北半島に斗南藩三万石として立藩された。しかし、そこは不毛の地で、移り住んだ会津の人々には筆舌に尽くし難い苦労が待っていた。

東北人にとっての戊辰戦争

中央政権が攻め込んできた時には、東北から奪い取りたいものがかならず中央の側にあった。阿弖流為《あてるい》との戦いでは黄金であり、前九年・後三年の役では武士勢力の源氏が、軍馬や鉄など軍事資源を狙った。源頼朝による平泉制圧はそれら軍事資源に加えて、より高度な軍事技術、すなわち軍馬の育成であり、刀や鎧などの武具製造技術であり、公家政治とは異なる平泉の政治制度をも欲しがった。

九戸政実が叛旗を翻した豊臣秀吉は、全国統一を目指していたから、広大な土地とそこから収穫される生産物を奪うのが目的だった。太閤検地を受け入れることとは、土地と生産物を渡すことにほかならない。

こうした中央からの侵攻に抗った東北の人々の思いは、この土地に生きてきた者の誇りを守りたい一心だと私は考えてきた。阿弖流為を奮い立たせた朝廷の侵略は、単に黄金が欲しいだけで、東北人の誇りまで奪う意図はなかったかもしれない。だが、その無法なやり方が東北の人々の心を踏みにじった。

前九年の役の発端を作った藤原登任《ふじわらのなりとう》にしても、そのあとに続いた源頼義《みなもとのよりよし》にしても、自らの野心や欲望から東北人を踏みつけにするのを躊躇《ためら》わなかった。頼朝の狡猾な手口も、鎌倉政権の安泰と繁栄のために平泉の富を奪うのが目的だったのであり、そこに暮らす人々の思いはまったく眼中になかった。

秀吉の場合は少し違うかもしれない。秀吉は、恫喝によって相手の誇りも含めて、すべてを一度に奪うやり方を用いた。それが政実の武士としての誇りを逆なでしたのだろう。

古代から近世に至るまで中央から収奪され続けた東北で、戊辰戦争の時に守るべきものとして残っていたのは、心だけになっていた。会津に対する仕打ちの理不尽さに東北の心が動いたとはいえ、奥羽越列藩同盟は急ごしらえの連携で、勢いづいた官軍に対してなす術もなく敗北を重ね、解体されていった。

官軍に討ち負かされた東北にとって致命的だったのは、勝った側のあまりに杜撰な戦後処理であった。それまでの東北と中央の戦いでは、勝った側もそれなりの戦後処理をして、戦の後遺症を長引かせないようにする多少の配慮があった。

だが戊辰戦争後の官軍は、列藩同盟に加わった東北の各藩をどこまでも賊軍扱いして、まともな戦後処理をしなかった。それどころか、膨らみ過ぎた自分らの組織の人間たちに、論功行賞として東北の富と土地をばらまいた。例えば負けた藩に、官軍側のまだ三十歳にもならないような若い知事を任命して、東北の勢力地図を塗り替えるようなことをしたのだ。

そうした無謀な政策では、当然ながら地元の人心を一つに纏めることができない。さすがに新政府もそれを分かって、後には旧藩主を知事に据えていくケースが増えた。

戦後処理のデタラメさが、それまでの中央との戦と比べても、最も不幸な状況に東北を追い込んでいった。賊軍と蔑まれた東北の武士たちは扶持を失い、食い詰めるようなこともあっただろう。行き場のない彼らは、明治新政府が進めた、やがては日清・日露の戦争へと向かう富国強兵政策のもと、軍隊に入るしかなかった。東北出身者の男たちが出世する道は、軍隊あるいは警察だけだった。

会津藩士の遺骸の埋葬を許さず放置したままにさせるなど、新政府の態度には東北人への蔑視が強く表れている。官軍が東北に大量に入り込んだ戊辰戦争以降、急速に東北は虐げられ差別されていった。日露戦争の激戦地として知られる二〇三高地で最前線に立たされたのが東北の兵たちだったことこそ、東北に対する差別の象徴ではないのか。

東北のイメージをつくったのは誰か?

東北人の特質は、「優しい」「辛抱強い」「無口」だと、東北以外の地域の人たちに言われ続けている。長い間、東北人の勤勉さ・生真面目さを理解してくれている言葉だと、私も思い込んできた。

今でも、「東北の人は優しくて辛抱強いんですね、と観光客の方に褒められました」と、地元のタクシー運転手さんから嬉しそうに話しかけられることがある。これはありがたい評価であり、最初に言い出した人は東北の恩人のように思っていた。

では、いつ頃からそう言われるようになったのか?

そういった決まり文句のような評価は、古い新聞などを調べると結構分かるものだ。例えば、新潟の女性は男みたいに勝ち気だ、というのは明治初期の新聞記事に出ている。ところが、東北人の評価の起源を調べるうち、思いもかけなかった答えにぶつかり愕然としてしまった。

そもそも、この評価は吉原の遊廓の主人が言い出したことだった。いわゆる人買いや女衒《ぜげん》に「優しい」「辛抱強い」「無口」を、遊女を探す時の条件にしたのだという。吉原の遊女は一晩に何人もの男性を相手にするから、誰に対しても「優しい」必要がある。過酷な労働だから「辛抱強い」女でなければつとまらない。商売柄、いろいろな秘密を耳にするが、そうした客の話を他者に漏らさない「無口」な女がいい。

そんな条件を満たす人は、なかなかいない。

ところが、天明や天保の大飢饉で、口減らしのため百姓の娘が大勢売り飛ばされた。女衒が江戸の吉原に連れてきた娘の七割は、東北出身だったと言われている。戻る家のない娘たちは、生きるために「優しい」「辛抱強い」「無口」という三つの条件を必死に守ったから、これが東北人の特性として広まった。

要するに、遊女を搾取するのに都合のよい条件として、江戸の遊廓の主人たちが言い出したことだったのだ。だから「優しい」「辛抱強い」「無口」は、決して褒め言葉ではない。悲しい東北人評だ。食べられなくて、遊女に身を落として必死で生きている東北の女たちを、吉原の主人たちは都合よく利用したのだ。

こうして、幕末の頃から、東北の人間は「優しい」「辛抱強い」「無口」だと、江戸で広まっていた。我々はそんな歴史を知らないから、東北を観光で訪れた人たちが、今の東北人の姿を見て、好印象を抱いてくれたと勘違いしている。実際には、幕末から戊辰戦争を経て、行き場のなくなった東北人が追い込まれたのが、最底辺で黙々と働かなくてはならない境遇だったのだ。

東北弁への蔑視

官軍と戦った東北の人々は生活の基盤を奪われてしまった。旧士族たちは藩というよりどころを失い、東京など大都市に職を求めていった。

江戸から東京になったとはいえ、あとから入り込んできた薩長の人間たちを、江戸の人々はまったくの田舎者としか思っていなかった。その連中が我が物顔をするどころか、大名や旗本の屋敷を占拠して自分たちの住まいにしている。

そういう状況を見るにつけ、古くからいる江戸の人間たちは内心面白くない。太平洋戦争の敗戦後に、GHQが日本を占拠したような状況が、明治維新後の江戸／東京にもあったのである。

大名や旗本の屋敷は広大な庭、家屋を持っている。豪奢な邸宅で暮らすためには、どうしてもそこを整備する下働きの人間が必要だ。けれども、江戸の人間にはプライドがあるから、そこでは働きたがらない。口入れ屋がいくら斡旋しても、薩長の田舎者の下働きはできないと拒否されてしまう。

ほとほと困った口入れ屋は、東北から流れてきた人たちに目をつけた。当時の東京には、職を失った士族階級の家族や、農地を捨てざるを得なかった人々が溢れていた。彼らは職がないから仕方なく、かつての敵の屋敷に下働きとして入っていった。

明治の十年代頃の下男・下女の大半は東北人だったという。当然ながら、下働きに入ったほとんどの人が東北弁を使っていた。そのため東北弁は下男・下女が使う卑しい言葉として認知されてしまった。東北弁は分かりにくいから差別されたのではなく、下男・下女が話す言葉だから差別されたのである。

東北から来た人たちの中には生活に困っていない者もいくらかはいた。そういう人たちは東北弁を隠した。こうして東北弁への蔑視が始まった。

この経緯を今の人たちは知らないし、知ろうともしない。さすがに現代では、東北人に差別意識を持つ日本人は少ないだろう。だから、かつて東北弁が差別されたのは、分かりにくいから、あるいは響きが濁っているからだろう、としか思わないのだ。

切り裂かれる心

古来から様々な資源を中央に奪われ続けてきた東北だが、人々はずっとこの地に住み続け、和の心を軸に据え生きてきた。しかし、戊辰戦争は東北人から生活の基盤だけでなく、誇りまでも奪ったのである。

九戸《くのへ》政実《まさざね》は形の上では豊臣秀吉に敗れたが、誇りを貫いたという点で言えば、負けたと思っていなかっただろう。これは阿弖流為《あてるい》も同じ気持ちに違いない。

しかし、戊辰戦争は東北人が最後まで守ろうとした誇り、心を奪い、絶望の淵に追いやった。東北人は郷土愛は確かに強いけれども、意外と簡単に故郷を捨てていく人が多い。東北以外のほかの地域の人たちは、例えば島根や四国の人たちは、それほど簡単には郷里を捨てないのではないかと思う。私自身、青年時代はコンプレックスを抱えていて、東北人である誇りを失っていた。自分たちの先祖の歴史を奪われていたから、土地への愛着も薄かったのだ。

高度成長期の出稼ぎにしても、貧しさだけで言えば、戦後の日本はどこでも貧しかったのだから、東北以外からも出稼ぎに出かけられる人はいくらでもいたはずだ。しかし、出稼ぎといえば圧倒的に東北人が多かった。それは郷里を出ることに躊躇《ためら》いがなかったからだろう。

実は戊辰戦争ほど、東北人に決定的な影響を残した戦はなかったかもしれない。東北に暮らす私たちも、あるいは歴史家たちも、戊辰戦争を会津中心の戦いと捉えがちだが、本当は東北全体に大きな傷跡を残しているのではないか。

だが、奥羽越列藩同盟を結成せず、会津だけを犠牲にして東北が全て官軍側についたならば、その場合でも東北の心はズタズタになっていただろう。それは千数百年にわたり、理不尽なことに抗い続けてきた蝦夷《えみし》の誇りを、自ら放棄したことになるのだから。

終幕

新しい世界を拓く東北の魂

日本の近代化の過程で、
東北は食糧・資源・兵士・労働者の供給地として収奪され続けた。
東日本大震災による甚大な津波被害だけでなく、
福島第一原子力発電所の爆発でまき散らされた
放射性物質による被害に苦しみながらも、
和の心を蘇らせ、未来を信じて生きる東北の人々がいる。
古代から受け継がれてきた蝦夷《えみし》の魂は、東北のみならず、
行き詰まった近代社会を打開する力となると思っている。

奪われ続けた東北の富と魂

会津若松の城下には、戊辰戦争で戦死した会津兵だけでなく、官軍方の戦死者の墓所がある。明治の世となってからつくったにせよ、会津の人たちが許していなければ、百年の間に取り壊されていただろう。戦で死んだ者に対して、会津の人たちは敵味方の区別をしていないのだ。

一般的に、東北人は付き合いにくいというイメージを誰もが抱くようだ。東北人にしてみれば、何をされても結局は許してあげているのに、どうして付き合いにくいなどと言われるのかと思ってしまう。阿弖流為《あてるい》も、安倍貞任《あべのさだとう》も、九戸政実《くのへまさざね》も、何故、中央が自分たちの平穏な暮らしを乱すような要求をするのか、理由が分からなかっただろう。

藤原登任《ふじわらのなりとう》や源頼義《みなもとのよりよし》は相当、理不尽なことを蝦夷に要求したと思う。それでも、要求された東北の民はギリギリまで我慢していた。だから要求する側も、どこまで要求しても大丈夫なのか、その最後の一線が分からなくなってしまったかも知れない。

これまで述べてきたように、東北が自ら東北以外の地を攻めたことは一度もない。にもかかわらず、東北は中央政権から何度も侵略され、屈従を強いられてきた。だけれども、蝦夷《えみし》は常に誇りを持って生きてきた。

振り返ってみると、中央の権力が侵攻してくるのは、いつでも中央で大きな社会変動が起こっている時だった。

律令制度が再建され、京都に都を移そうとしていた平安の草創期には、阿弖流為《あてるい》が血祭りにあげられた。平泉の討伐は武家が公家に代わって政治の実権を担う過程で起きたことだ。また豊臣秀吉による全国統一の総仕上げとして、九戸政実は滅ぼされた。そして近代の幕開けとなった明治維新では、戊辰戦争という中央の侵攻によって、東北はまたも戦火に見舞われることとなった。

蝦夷《えみし》の末裔として

小説を書く時、主人公と自分がどれだけ同化できるかを最初に考える。自分が主人公と同じ気持ちになって出てくる言葉が、とても大事なのだ。ただストーリーだけを考えて書いていると、言葉が生まれてこない。

『風の陣』『火怨』『炎立つ』『天を衝く』に共通している思いは、主人公たちの限りない我慢強さだ。我慢に果てがない。自分が我慢できるものであれば、ギリギリまで我慢する。我慢するけれども、彼らが最後の最後で決起するのは、否応なしに巻き込まれて、どうにも仕方がなくなってのことだ。いくら耐えようと思っても、いきなり背中から切りつけてくるような不正に対しては、受けて起つしかない。阿弖流為《あてるい》にしろ、政実にしろ、皆そうだ。

東北の民、蝦夷と呼ばれる人々に共通しているのは、自分たちから攻めていくことは決してないという点だ。自分たちから攻めないのは、我慢ができるからだ。反対に、いざ戦うとなったら、我慢を重ねた分の重みがあるから、命を賭して立ち向かうことになる。

いわゆる「眠れる獅子」とは、ちょっと違う。鼠がライオンに手出ししても、ライオンのほうがずっと力もあるから相手にしないというのが「眠れる獅子」だ。

東北の人たちは、自分で自分の力量が分からない。本当は力を持っているのに、それに気づかないでいる人が多い。ひたすら我慢しているけれども、何かあった時に戦ってみると、実は強かったという場合が少なくない。

今、阿弖流為や政実のような人が生まれなくなったのは、むしろ東北が平和な時代だからだ。かつてのように中央から搾取される構図が露骨に現れてきたら、新しい阿弖流為や政実が生まれてくる可能性はあると思う。

私自身もまったくと言っていいほど人を怒ることはない。喧嘩っ早い人をよく見かけるが、そういう人は、我慢して溜《た》めている部分がないので、本当の崖っぷちの局面に立たされたら脆いのではないだろうか。

東北人の我慢強さが半端ではないのは、日露戦争の激戦地二〇三高地で東北の兵がたくさん死んでいることでも明らかだ。死ぬのが分かっていながら、一丁の銃だけで機関銃や大砲に向かっていくのは、とてつもない我慢だ。恐らく心のどこかに、自分など何ほどの者でもない、という思いがあるのかもしれない。これは東北人のＤＮＡとしか言いようがないのではないか。

弱いのではなく、遙か遠くまで見ているような意識とでも言おうか。自分という存在は、決して中心にいるのでもなければ、自分だけで生きている世界でもないという認識を東北人の誰もが持っている気がする。

冷めているというのとも少し違う。東北の人は、喧嘩をしても相手のことが分かってしまう。相手はこれこれの理由で怒っているのだろうなと分かるから、仕方がないなあと、すぐ思ってしまうところがある。

喧嘩っ早い人は、なぜ相手が怒っているかなんて考えないだろう。それは勝つためには余計なことなのだ。だが、東北の人はついつい考えてしまうのだ。

一人ひとりが我慢してしまうから団結力がない。だから労働組合にしても、東北の労働組合は弱い。経営者側の理屈も分かるので、会社の業績が悪ければ仕方がないと簡単に妥協してしまう。その反面、実は搾取している人がいたと分かると大変だ。裏切られた思いから、怒りが倍増する。

東北人の根底には、人と人は分かり合えるはずではないのかという、切ないまでの願望がある。河内から来た源氏に対しても、分かり合えると思っていた。ところが、彼らは東北人とは、まったく違う価値観を持った人間たちだった。豊臣秀吉にしても、その価値観は東北とは相容れなかっただろう。

『炎立つ』『火怨』『天を衝く』、そして最近ようやく完結した『風の陣』を含めた蝦夷の四部作を書き続けられたのは、東北人の先祖たる蝦夷の歴史を掘り起こしておかないと大変なことになると思ったからだ。もしも蝦夷の魂を東北人が失ってしまったら、何か途方もなく大きな問題に直面した時、ただただ状況に流されてしまうだけだとの危機感があったのだ。

ところが東日本大震災で、被災地のお年寄りや子供たちまでもが、自分よりもまず他人を思いやっている健気な姿をたくさん見た。古代から伝わる和の心＝蝦夷の魂は失われてはいなかったのである。

正直なところ、何十年も蝦夷について書き続けてきたことは無意味だったのかとも思った。東北人が自力で立ち上がろうとする姿を見て、私などが伝えるまでもなく、この地の自然や風土がずっと蝦夷の魂を育んでいてくれたと分かったからだ。

明日の世界に向けて

私はオカルトや超能力を無条件には信じていない。けれども興味だけは人一倍あるので、時にはそういう相手と対談することがある。いわゆるアカシックレコード*が読める人と対談した時のことだ。アカシックレコードとは、人類の起源から未来までのあらゆる出来事の記録のことである。

彼の話はやや荒唐無稽だったが、締めくくりに語った言葉は忘れられない。「これから世界はさらに悪い時代に入る。その時に地球を救うのは東北人だ。東北人の優しさが地球を変えていく」と彼は言い切ったのだ。

これには、かなりビックリさせられた。私が東北人だと知っての社交辞令だったのかも知れないが、これがアカシックレコードに書いてあろうとあるまいと、自分自身が大事に考えなければならないメッセージだと思った。

東北人の特徴として、「喧嘩ができない」あるいは「喧嘩下手」というのがよく挙げられる。相手の気持ちをまず考えてしまうから、喧嘩ができない。怒るほうにも理屈があるだろうと考えてしまって、例えそれが殺人者でも、動機を理解してあげようとするようなところがある。

この気質は、優しさとか協調性とは、ちょっと違う。とにかく、相手を分かろうとする姿勢が強いということなのだ。自分の怒りは取りあえず脇に置いて、先に相手を理解してしまうから喧嘩にならない。相手の気持ちに思いを巡らせ、対応を考えているうちに、ボ

＊アカシックレコード
ドイツの哲学者ルドルフ・シュタイナーの考えで、全宇宙の過去から未来まで全てが書かれた記録のこと

コボコにされてしまう。

けれども、この相手の気持ちをまず考えるということが、これからの世の中、そして世界で本当に必要なことだろうと思う。

被災地の復興のため、若者たちの力が求められている。

新しい東北の時代を彼らに期待したい。

津波による被害だけでなく、放射能に汚染された地域について、真剣に考えていかなければいけない問題が沢山ある。

東北の、蝦夷の魂＝和の心で、これからの日本、世界の未来を拓いていくことができるのではないか。

その道を拓く上で阿弖流為や安倍貞任、藤原清衡や九戸政実の理不尽に抗《あらが》う心が生きることを願っている。

あとがき

本文とはいささか重複しているが、この本の纏めとして、平泉が世界文化遺産に登録された直後に書いたエッセイを読んでいただきたい。ここから新しい私がスタートした、と私自身は考えている。

――やはり私の暮らす岩手県の平泉がこのたび世界文化遺産に登録されたことを喜びたいと思う。三年前に一度審議されて登録延期となり、今回が再度の挑戦であったのでことさらに嬉しい。私は正直今回もむずかしいのではないかと懸念していた。世界文化遺産にふさわしいものとして平泉が提示していた『浄土思想を軸とする国作り』というものが簡単に世界に受け入れられないのではと案じていたのだ。言葉としては理解しやすく、仏教の教えを大事とする国家は世界にいくらもある。しかし平泉を拵えた藤原清衡の理想とした国はそんな生易しいものではない。

幼い頃に父親をはじめ多くの身内を失った清衡は、命こそ救われたものの敵側に人質のような扱いを受けつつ育ち、幾多の艱難辛苦の中を生き延びた。やがて次には義理の兄や父親違いの弟との確執に巻き込まれ、その争いの果てに妻や子を殺されるという悲劇に襲われる。さらには奥州支配を目論む源氏の介入によって弟を自ら討たなくてはならない羽目におちいる。まさに波乱万丈の人生である。清衡ほど屍の山を越えて歩いた人間は珍しい。その大半が身内相手のものだっただけに絶望や悲しみもまた大きかったに違いない。

そして源氏の棟梁であった源義家の勢力拡大を恐れた朝廷による更迭人事によって、思いがけなくも清衡に転がり込んだ陸奥の支配権。清衡の胸中に浮かんだのは「もう戦さはたくさんだ」という思いだったはずだ。何千何万もの罪のない人々が私欲によって道具にされ殺された。その魂は行き場を失い陸奥の山河にとどまっている。その鎮魂を願って清衡は最も激しい戦場でもあった平泉に現世浄土を築こうとしたのだ。

阿弥陀仏の前では人はもちろん鳥も獣もすべての生き物が平等である。憎しみや差別もなく、むろん戦さもない。

しかし、こんな国家が本当に実現できるだろうか。国を纏めるには強大な力が要る。力の集中するところには自然と欲や階級差が生まれる。働く者と動かす者が居るからにはもはや平等と言えない。現世に浄土を築く考えは清衡の誕生より遥か以前からあった。けれどそれは理想論に過ぎないとして遠ざけられていたものだったのである。支配者が民と平等では国家の機能を果たせない。

けれど清衡はその実現に向けて歩きだし、中尊寺建立の際の落慶供養の願文には高らかに浄土思想に基づいた万人平等と戦さのない国作りを宣言している。常識的な歴史の流れで見るなら、清衡は決して国の支配者とはなれない立場にあった。偶然がいくつも重なり合って清衡を上へ上へと持ち上げた。民と自分に少しの違いもないという自覚が清衡にあったのだろう。それゆえに万人平等の意識が生まれた。自分はたまたまこの陸奥を預かっている身に過ぎないのだ、とも供養願文に記している。この清衡あればこその万人平等の地、平泉であると言える。

それが清衡ただ一人、二十年やそこらの治世であれば驚きはしない。驚嘆すべきは平泉四代の泰衡までおよそ百年もの永きにわたって保たれたことだ。いや、もし源頼朝が平泉を滅ぼさなければもっと続いていたはずである。君主制が当たり前であった一千年前の世界にあって信じられない奇跡とも言うべきだろう。私が案じていたのはそこである。言葉にするのはたやすいが、世界がそれを素直に受け入れるものだろうか。これは世界のどこもが目指す理想国家に等しい。そんな国が日本の、しかも中央から掛け離れた辺境に、と疑いの目を注がれるのは目に見えている。史料が無数に残されているのなら別だが、平泉は滅ぼされた側だ。歴史はことごとく改竄されてしまっている。金色堂と毛越寺の浄土庭園はあっても、京都や奈良の借り物ではないのか。三年前に登録延期となったのも根本の理由はそこにある。民が平等で、共に国作りに励む都市国家など有り得ないという思いがあるのだ。その証拠を示す史料がないのだからむずかしい。

今だから打ち明ける。

私は半ば以上諦めていた。むしろ、世界が認めたくないほど平泉は真実の理想国家だったのだと口にするつもりでいた。

なのにこの喜ばしい結果となったのはすべてが大震災における被災地の人々の言動によるものと私は思っている。

自分が苦境にありながら他者を案じる優しさ。ともに手を携える温かな心。苦難に無言で耐える強さ。上も下もない平等のまなざし。あらゆる生き物に対する愛情。それらがメディアを通じて全世界に伝えられた。岩手、宮城、福島、ことごとくが清衡の拵えた平泉文化圏の中にある。世界は知ったに違いない。清衡の拵えた国は滅びたが、その心は今も変わらずその地に暮らす人々の胸の中に残されているのだ、と。　そして史料よりも確かな理想国家平泉の存在を確信したのだ。

かつて金色堂調査のおりに泰衡の首を納めた桶の中からハスの種が発見され、それが八百年の時を乗り越えて花開いた。それと同様、今度の大震災が東北に生きる人々の胸に万人が平等で互いに励まし合って生きた清衡の時代の心を花開かせたのである。

私はもう政治など当てにしていない。この清衡が培った心さえあれば東北の民は自力で立ち上がる。東北の民は新たな理想国家を自身で築いていく——

虐げられたゆえに生まれる強さや優しさがある。それが東北の人々の中にある魂だ。私はいまこそ「東北人だ」と胸を張って言えるようになった。

ただ——

ここにきて案じられることもある。

東北人の立ち向かう強さが、後ろ向きの堪え忍ぶ強さの方に注がれつつあることだ。被災地の範囲があまりにも広大過ぎて二年が経っても復興はままならない。沿岸部の光景はあの日のままに時間が止められている。政治など当てにしないと書いた私だが、それにしても、と思う。東北人の耐える強さがその絶望をなんとか希望に繋げているだけなのだ。

耐える強さが大切なのは、明るい未来あってこそのことである。

今日からは前に進む強さに変えていかなくてはならない。

明るい未来の設計図を頭に描いて、だ。

二〇一三年三月

高橋克彦

［編注］
本書作成のための収録にあたり、「もりおか歴史文化館」館長・畑中美耶子様、総括責任者・南部治様
並びに、盛岡劇場・石川明様に大変お世話になりました。
また、本書収録・制作に関し、道又力様に大変なお力添えを頂きました。
篤く御礼申し上げます。

高橋克彦《たかはしかつひこ》

一九四七（昭和二十二）年、岩手県釜石市生まれ。早稲田大学商学部卒。一九八三（昭和五十八）年、『写楽殺人事件』で江戸川乱歩賞を受賞しデビュー。『総門谷』で吉川英治文学新人賞、『北斎殺人事件』で日本推理作家協会賞、『緋い記憶』で直木賞、『火怨』で吉川英治文学賞を受賞。『炎立つ』『時宗』はＮＨＫ大河ドラマ原作となった。平成十四年、ＮＨＫ放送文化賞と岩手日報文化賞を受賞。他に『ゴッホ殺人事件』『天を衝く』『だましゑ歌麿』『竜の柩』『星の塔』など様々なジャンルの作品があり、著作は百数十冊に及ぶ。二〇一一（平成二十三）年には、ミステリー文学の発展に著しく寄与した功績により、第十五回日本ミステリー文学大賞を受賞した。浮世絵研究家としても有名。盛岡市在住。

東北《とうほく》・蝦夷《えみし》の魂《たましい》

二〇一三年三月十一日　第一版第一刷発行
二〇二二年十二月十日　第一版第五刷発行

著　者　高橋克彦
発行者　菊地泰博
発行所　株式会社現代書館
東京都千代田区飯田橋三―二―五
郵便番号　１０２-００７２
電　話　０３（３２２１）１３２１
ＦＡＸ　０３（３２６２）５９０６
振　替　００１２０-３-８３７２５
組　版　デザイン・編集室エディット
印刷所　平河工業社（本文）
東光印刷所（カバー）
製本所　鶴亀製本
装　丁　中山銀士

校正協力／岩田純子

 ISBN978-4-7684-5700-9

http://www.gendaishokan.co.jp/

活字で利用できない方のための
テキストデータ請求券
『東北・蝦夷の魂』